話さなくても相手がどんどんしゃべりだす
「聞くだけ」会話術 ——気まずい沈黙も味方につける６つのレッスン

不說話才會賣！讓顧客主動掏錢的7堂銷售課

日本 NLP 講師 松橋良紀◎著
藍嘉楹◎譯

前言——利用「傾聽」你也可以成為銷售達人

「要是面對客戶的時候，更會講話就好了。」

「我已經很努力說話，為什麼話還是無法獲得對方的認同。」

你是否也曾有過這樣的經驗呢？

很不會和別人講話。

面對一大群人的時候不知如何開口，和別人獨處也有困難。

即使拼命努力想把話講好，對方總是不耐煩。

費盡唇舌說服對方，得到的答覆永遠是「ＮＯ」。

腦中一片空白，不知道要怎麼接話。

市面上各種「說話術」相關書籍都很暢銷，坊間許多「口語表達課程」報名踴躍，可見不少人都有溝通的煩惱。

透過這些書籍和課程，改善「說話方式」，溝通能力將大幅成長。

但這些大打「說話方式」牌的書籍或課程，有一個很大的陷阱。

他們都沒有深究「原本的說話方式」。

原因是無法把自己的意思傳達給對方的人，絕大部分不是說話方式錯誤，而是**「傾聽方式」**有問題。

自覺不會說話的人，其實不懂傾聽，表現出來的態度永遠是「看起來有在聽，其實沒聽進去」。和別人溝通無障礙的人，一定懂得如何聽別人說話。

只要改變傾聽方式，對方會主動打開話匣子。這樣對方也會願意聽你說話。

改善傾聽方式，其實非常簡單。

我為何敢如此斷言，因為我也曾為了不擅言詞而煩惱。

我做過佣金制的業務員。那時，我一心煩惱「如果銷售話術太爛，產品會賣不出去」，所以很認真的學習說話方式，也一直磨練說話技巧。

但是，我發現話愈多，對方就愈生氣，好不容易賣出去的產品，不是退貨，就是被客訴。

揮棒落空的日子日復一日，唯一增加的只有借款。

在前途一片黯淡，看不到希望曙光時，我得知了某項技術。抱著半信半疑的心態一試，結果帶來連自己都不敢置信的成果。

好幾個月業績掛零的我，在隔月拿下了全國業績冠軍。

之前的業績會那麼慘淡，都要歸咎於我的「傾聽方式」。因為我有「我早就知道要怎麼聽人說話」的成見。沒想到，隨著傾聽技術日漸精進，我才深刻體會到，原來聽人說話的時候，自己有多麼不用心。

我終於知道自己為什麼不會說話，和人溝通老是出現障礙的原因了。我開始改善聽人說話的方式後，人生也起了戲劇性的變化。

本書以一個業績滲淡的菜鳥業務員做為主角，以故事帶出每堂課的重點，故事「七成是事實，三成是虛構」，取材於我二十年前的真實經驗。話愈多，就讓客戶愈不想簽約的業務員「杉橋達紀」，是如何變成擅長傾聽的高手？不但改善溝通方式，也徹底領悟傾聽的重要性。

學會傾聽的簡單方法又是什麼呢？

希望各位上完七堂銷售課，也能加入「傾聽高手」、「說話達人」的行列。那些一直為溝通感到苦惱的人，如果能得到一點點鼓勵，對我而言是最大的喜悅。

松橋良紀

第1堂

配合「下巴」動作，產品自動賣出！

——誘使對方開口，從「同步」開始

叮咚！

我臉上堆滿微笑，站在門口按下門鈴。

對講機的另一頭，傳出對方拿起聽筒的聲音。

「哪位？」

這次，我一定要把東西賣出去，讓公司見識到我的實力！

這次應該沒問題，賣得出去吧？

之前苦撐過來的業績掛蛋期，都是為了現在能順利銷售的磨練……。

沒錯，磨練期的時候真的很慘，完全沒有業績。

唉……搞不好東西在我手上永遠賣不出去……。

不行不行，我一定要正面思考。

我絕對是個超級業務員！一定會創下空前的業績！

「請問你找哪位？」

要面帶笑容、神采奕奕。

「您、您好！我是奈斯克林的杉橋。」

啊！完蛋了！我竟然結巴了。

儘管如此，歐巴桑還是幫我開了門。

「你就是那間只要付一百塊日圓就會幫忙清掃家裡的公司派過來的？」

「您說得沒錯！清掃前，可以讓我先介紹敝公司的吸塵器嗎？」

我抱著不能錯過機會的心情，一鼓作氣地把商品介紹完畢。

「這是本公司最新型的吸塵器。對了，請問您府上現在用的是哪一種吸塵器呢？敝公司推出的是家用吸塵器的改良版，吸力超強……。」

講得真不錯，太棒了！我講得頭頭是道，架式十足。真的有夠讚！

這樣一來，剛才結巴被扣的分數好像也補得回來了。

「敝公司已經取得獨家代理權，所以不論在家電量販店還是網路都買不到。這個是商品目錄……。」

我重複著已經不知道講過幾遍的銷售話術。

講得口沫橫飛的我，甚至連喘口氣也不需要。

「要價三十五萬日圓，保證您買了絕對不會後悔！接下來我要用這台機器替府上打掃，請您務必考慮考慮。」

說完最後一句話後，我向對方遞出了商品簡介，深深的低頭行禮。

終於講完了！除了一開頭的問候，其他都做得很完美。

說不定有機會，說不定……。不行，我怎麼能看衰自己。

一定會賣出去！

等我說完「那麼，我接下來就要打掃……。」正打算踏進門內，歐巴桑開口了。

「這位先生……。」

不會吧？已經決定要買了嗎？我終於時來運轉了嗎？

「我們家的吸塵器還可以用，所以你還是別進來打掃了。」

妳說什麼⁉

「為、為什麼？」

「因為我現在很忙……。」

如果錯過現在，後面就沒有機會了。所以我沒有退縮，繼續說服對方。

「這是專業用吸塵器喔！我家裡也有一台，用起來真的不一樣，連很細微的灰塵都能吸得乾乾淨淨……。」

我抱著「只要進家門就有機會」的想法，邊說邊開始在玄關脫鞋子，看到我這個舉動，歐巴桑的口氣變得更尖銳了。

「喂，我不是和你說不用了嗎！本來以為有人會幫我們打掃，結果你重頭到尾根本就是在推銷吸塵器。你回去，以後不要再來了！」

歐巴桑把我推出玄關，砰的一聲關上了大門。

灰塵通通吸光光，這樣還是不行嗎？

今天是業績「結算日」。

如果還是一台都沒賣出去，我業績就要連續六個月掛蛋。現在的時間已經超過下午四點。

我的業績註定又要墊底了。

主管的冷嘲熱諷我早就習慣。與其計較面子，我還有更嚴重的煩惱要解決。

我每個月的薪資是底薪十二萬日圓＋佣金。如果我一台吸塵器也沒賣出去，一個月的收入就無法超過十二萬日圓。

付完租金和水電費，我的底薪就花光了。

這半年，我一直靠小額信貸來應付生活支出。

但是，靠借錢能撐到什麼時候，說真的我也不知道。但我還有點自知之明，知道再這樣下去，在正派經營的公司也借不到錢了。

但要是現在辭職，到目前為止的努力等於白費。

不行，要正面思考。

我一定要想著未來會一片光明。

這麼做才是擺脫眼前的困境，通向成功的不二法門！

這是我在半年前從自我潛能開發講座聽到的內容。

那次講座，有個叫青柳聰的人，主動找我搭話。青柳和我同年，卻穿著要價不斐的西裝，散發出一股精明幹練的氣息，簡直就像從商業雜誌走出來的成功人士。

「杉橋先生，請問你目前從事什麼工作？」

「我現在主要針對公司行號的老闆和大公司的高階主管，銷售要價一百二十萬日圓的潛能開發錄影帶。之前我在家電量販店當售貨員。」

聽完我自抬身價的回答後，青柳問我。

「你的業績好嗎？」

這個人幹嘛直戳我的痛處啊……。

再加上青柳一副「你不說我也知道」的表情，我也懶得繼續虛張聲勢。

「老實說，我做得很吃力。」

「我想也是。」

「你是怎麼知道的？」

看到我一臉訝異的表情，青柳的表情一下子變得很開朗。

「因為杉橋先生和我一樣都是二十五歲吧？像我們這種年紀的毛頭小子，公司老闆或大企業的高層怎麼可能會把我們放在眼裡。」

他說的沒錯。我每次去跑業務，根本不被當人看待。

把我當作空氣，聽我講話也充耳不聞。有些人看到我就像看到野狗似的，急著把我趕走，有些人才瞄了一眼我遞出去的名片，馬上像投飛鏢一樣扔了出去。

不要說自尊了，連一點被尊重的感覺也沒有。

投身這個行業前，我本來就很不擅長和別人講話。

吉他是我唯一的朋友。

我對音樂的狂熱始於國中二年級，那時候每天埋頭苦練。和音樂溝通不需要語言。只要演奏的實力夠強，就能結識最棒的知音，和志同道合的夥伴交流。對於我這種不擅於說話的人，再理想不過了。

所以，高中畢業後，我抱著成為吉他手的目標，從老家來到東京。但遭到一心期待我能在家鄉謀得公職的雙親，強烈反對。

「杉橋先生，你要不要來賣吸塵器？」

「你說吸塵器嗎？」

「我現在是抽佣制的吸塵器業務員。既然賣的是吸塵器，面對的客戶都是一般的家庭主婦。所以杉橋先生不必擔心會被看扁。」

「好賺嗎？」

「我每個月的收入差不多是一百萬日圓。資歷比我深的業務員，收入比我更多。我想杉橋先生一定能賣得比我更好。」

月入一百萬日圓。光是這句話，就讓我忘了說話根本不是我的強項。

過了半年。目前我面臨的現狀是，每天都被人無視，走到哪都會被擺臉色和挨罵。

我覺得日子已經難過到要精神失常的程度了。

不管你說我是被害妄想症也好，還是愛發牢騷，我覺得老天爺現在應該會給我一點福利了吧！

但有一件事情不太對勁。因為我覺得自己的話術已經練得很不錯了。不過，同樣的話只要一講再講，每個人都可以背得滾瓜爛熟吧！

像今天，我也講得很不錯，但還是被拒絕了。

這個約訪是我這個月業績的最後希望，所以被拒絕的打擊也特別強烈。

我陷入極端的沮喪，完全沒有力氣繼續拜訪。

我打電話跟公司請假「我身體不舒服，所以要直接下班」，然後走向銀行提款機，準備借錢。

但站在機器前，我突然覺得每個月借十萬日圓的自己太窩囊了。

我豁出去，一口氣輸入了二十萬日圓，然後按下確認鍵。

猛然一想，我已經超過半年沒有在外面喝酒了。我想找間氣氛不錯的店喝點酒，就當作是慰勞自己。

環顧四周後，我的目光停留在上面寫著「Shot Bar Rapport」的招牌。

Rapport？這是英文嗎？沒聽過這個單字。

我推開古老斑駁的木門，走進有些昏暗的店內。還沒有客戶上門。

一頭白髮的酒吧老闆，不客氣的打量著我。他嘴邊的一圈鬍鬚都已經全白。

他對我連句「歡迎光臨」都沒說。

這家店的收費看起來不便宜，而且店裡的氣氛也沒辦法讓我放鬆下來，但既然都走進來了，也只能隨遇而安。就算被

下逐客令也沒差。

我鼓起勇氣，走到吧檯最裡面的位置坐下來，酒吧老闆銳利的視線瞥了過來說。

「那裡……。」不會吧！

「抱、抱歉。最裡面是常客的位置吧！不好意思我還大搖大擺的坐下來。我馬上換位置。我可以坐在哪裡呢？」

看到我慌忙起身，酒吧老闆拿著抹布向我走來。

跑業務的時候，被別人丟抹布的情景瞬間在腦海出現……。

酒吧老闆對搖晃起身的我視若無睹，用抹布把桌子輕輕擦乾淨。

「我才剛開店，還沒擦桌子，你要喝什麼？」

如釋重負的我，踉蹌的坐了下來，點了啤酒。

過了三十分鐘後……。

原本我打算是找間有點熱鬧又不至於太吵的酒吧，一個人像隱士一樣默默喝酒，但是這間酒吧也太安靜了吧！完全沒有其他客戶上門。

和他對看的氣氛讓我很尷尬，趁著加點第三杯啤酒的時候，我主動打破沉默。

「你一直都當老闆嗎？」

他替我倒啤酒的同時，終於開口了。

「你這算是什麼爛問題。我知道你有事想問，但是你這種問法，不是每個人都聽得懂。」

聽到一下子這麼犀利的言論，我開始緊張了起來。

「你說的沒錯。我從以前就很不會說話。可是我卻跑去當業務員，而且還是高佣金制的拜訪業務。真的很難做。」

「……。」

酒吧老闆不發一語。

「仔細想想就知道了，根本沒人願意花三十五日圓買一台吸塵器。今天是業績的結算日，我一台也沒賣出去。也不是只有今天好嗎？這種業績掛蛋的日子，已經過了半年。我真的沒辦法，再撐下去了。」

我突然好想一吐為快，於是宛如堤防潰堤，開始滔滔不絕的講起工作。

我講話時，酒吧老闆幾乎什麼話也沒說，頂多附和我一下。

「不好意思，一開始主動發問的人是我，剛才卻只顧講自己的事。」

「沒關係。我大致聽懂了。總之，你就是業績很差的業務員。」

「沒錯，不但做不到業績，還欠了一屁股債，已經……。」

「你想要業績變好嗎？」

他摸著鬍子問我。

難道他知道有什麼可以讓業績提升的秘訣嗎？說不定這位老闆，以前就是曾創下驚人紀錄的傳奇業務員！我起身，大聲回答。

「當然囉！如果做不到業績，我的人生就沒希望了。」

他用手勢要我冷靜下來，然後悄悄說了幾個字。

「你的下巴要配合對方的下巴動作」。

「什麼！下巴？」

看我一臉疑惑，酒吧老闆微微一笑。

「沒錯，就是下巴。**對方的下巴動了，你就跟著動。**」

「這麼做會有什麼改變？」

「你的吸塵器就賣得出去了！」

我居然會期待從這裡得到答案，我真是太傻了。

即使他不是什麼厲害的傳奇業務員，起碼在經營酒吧這一行，也是對付過無數酒鬼的老行家，總有一些值得參考的說話術可以教我吧！怎麼會扯到下巴？

「老闆，買單。」

酒吧老闆對著腳步踉蹌、打開門準備離去的我，說了一句話。

「你記得要仔細觀察對方的下巴。」

聽到這句話，我連轉頭的力氣都沒有了。

「為了慶祝我們奈斯克林東京多摩分公司達到全國業績的冠軍，乾杯！」

「乾杯！」

聽到山崎部長用討厭又中氣十足的聲音帶頭乾杯，各位也大聲附和。

昨天的酒都還沒醒，又被拉來喝酒了。

而且，這次是上酒店。

我隸屬的多摩分公司，在全國二十個分公司，首次奪得業績冠軍的寶座。業績排名墊底的我，當然沒有絲毫貢獻。

畢竟辦的是慶功宴，所以大家都有資格參加。可是，要我拿出一萬日圓真的好心疼。

慶功宴的主角，是當初拉我進公司的青柳。

青柳囊括了個人業績和全國排名的冠軍，連他帶的四個業務員，每個人的業績也都成長了。要不是青柳做出傲人的成績，也不會舉辦這次振奮人心的慶功宴。

這間酒店最漂亮的兩位小姐，分別坐在青柳的左右兩邊，殷勤伺候。青柳滿面春風，一臉得意的模樣。

雖然我們這群人有十個人，唯有業績掛蛋的我，沒有資格坐上沙發，只有坐板凳的份。不曉得是不是有人故意整我，我的位置恰巧被安排在青柳的正對面。

一手拿著酒杯，和小姐開心聊天的青柳，不經意的看向我。

「是你啊！阿杉。」

想當初剛認識的時候，還杉橋先生長，杉橋先生短的，現在他對我的態度已經連「橋」都省略了。

「我本來以為你是個可造之材，所以才拉你進公司。沒想到我看走眼了。」

我無話可說。一口氣喝光了杯裡的酒，又斟上了燒酒。

「你的業績真的超慘的耶。大概是缺乏做業務的天分吧！不像我三兩下就拿到訂單了。只要我稍微認真起來，就能做出這樣的成績了。」

左摟右抱兩個美女的青柳，對我繼續展開毒舌攻勢。

「看到你那副窮酸樣，連我都覺得晦氣。上酒店哪有人自己斟酒的，你們說是不是？」

聽青柳這麼一問，兩位小姐毫不掩飾的放聲大笑。

我面無表情的把酒送到嘴邊時，身旁突然飄來一股香氣。

「喂，你們兩個，就算青柳先生的魅力再大，你們也太超過了。讓這位同行的先生一個人喝悶酒也太可憐了吧！」

說話的人是個留著一頭黑色長髮的女孩，她在我身旁坐了下來。

山崎部長瞬間反應過來。

「優子小姐！妳好慢啊！不要坐在那傢伙旁邊，到我這邊來。」

山崎部長，把一個美貌如模特兒和電視明星等級的美女推給我，要一頭黑色長髮的優子坐在青柳的身邊。

當我抬頭看清優子的長相時，內心不由得大吃一驚。

優子並不醜，但長得並沒有特別出色。

雖然眼睛很大，但長相卻很普通。

我猜，她只能稱得上是可愛，比她更漂亮的女孩多的是。總之，就是一個很平凡的女孩子。

當我心裡正納悶著「怎麼看都是坐在我旁邊的女孩子比較漂亮」，青柳像是看透了我的心思。

「阿杉，你覺得很奇怪，為什麼這個女孩會坐在我旁邊嗎？因為優子小姐，是店裡業績最好的小姐。業績第一的我，和業績第一的優子很配吧！」

什麼，優子是第一名？

如果這間酒店也像偶像團體一樣辦個總選舉，排名絕對是坐我旁邊的女孩子比較前面才對。

「你好，我是優子。不用加『Rin』註喔！」

「又來了！優子的搞笑必殺技！」

山崎部長和青柳雖然笑得很誇張，其實這個笑話冷到不行。不論是業務員還是酒店小姐，給人的第一印象都很重要。講了這麼無聊的冷笑話，業績還可以成為店裡的第一名，實在太誇張了。聲音本來就很大聲的青柳，優子出現後，變得更大聲了。

「我上個禮拜去箱根喔！」

「箱根？」

「你知道嗎？整個箱根現在都成了能量景點。」

「能量景點嗎？最近好像有很多節目製作人還是演藝圈的人都很常去呢！」

優子並不是聊天高手，她不過是附和對方，或者簡短回答問題，更別說使出什麼特別的絕招了。

於是我猜想她是不是有什麼過人之處，例如，「胸部特別大」。所以我拉長脖子拼命往前看，也沒看到「波濤洶湧」的奇景，可見她不是靠身材取勝。

註：AKB48前團員大島優子的暱稱是Korin。

這時候，原本只扮演聽眾角色的優子，向青柳問了一個問題。
「青柳先生，你這個月賺多少錢啊？」
當青柳抬起頭時，「我想想看，差不多有……。」我忍不住大叫一聲，打算站起身來。沒想到膝蓋卻撞到桌子，我整個人從椅子上摔下來。
看到跌個狗吃屎的我，在座的人都放聲大笑。
可是，現在沒有時間在意這種小事。
我看到了！
當青柳說話時，也把下巴揚起往上看的時候，我看到優子的下巴也抬起來了！
我忍不住對著優子大喊。
「你的下巴！是下巴對吧？」
嚇得花容失色的優子，只差沒有跑到青柳的背後躲起來。
「我看到了。你下巴的動作都有配合他！」
當我打算更進一步的質問優子時，有人突然從背後用力抓住我的肩膀。
「先生，你這麼做讓我們很困擾。」
我轉身一看，一個長得像猩猩的保鑣正對我怒目而視。

「啊！對不起。」

眾人冰冷的眼光，讓我羞得無地自容，只好找個藉口去洗手間，逃離尷尬的氣氛。

我有一種如獲至寶的感覺。

現在可不是喝得醉醺醺的時候。

也不管衣領都被水潑濕了，我還是使勁的洗臉。

才走出洗手間，笑得詭異的優子，向我遞上毛巾。

「你是杉橋先生嗎？你知道什麼是ＮＬＰ嗎？」

「不知道，我對棒球不是那麼有興趣。和運動比起來，我更喜歡音樂。」

「那是ＭＬＢ。你說的是大聯盟。」

「有什麼不一樣嗎？」

「這樣啊……原來你不知道……。」

優子想了一會兒，從皮夾裡抽張名片出來，用原子筆寫了些什麼交給我。
接過來一看，上面寫著電話號碼和電子郵件地址。
「杉橋先生，你一直做不到業績吧？你明天早上十一點，到吉祥寺後面的星巴克，我告訴你一些對你業績有幫助的資訊。」
「好，我一定會到。妳要告訴我和下巴有關的事嗎？」
「那還用說。但是你聽了以後，不能把我的秘密告訴店裡的其他小姐。」
優子笑著聳聳肩，快步的走回座位了。
洗完臉後，酒意完全清醒的我，把名片放進胸前口袋收好，回到自己的座位。
看到喝醉的青柳正忙著和女孩子調笑，我心中產生事情即將改變的預感。
說不定，那個位置下次就換我坐坐看了。
是我想太多嗎？這種好事哪輪得到我。

隔天，當我到星巴克時，看到優子正坐在戶外座位區的最角落，讀著一本很厚

的書。我站在她旁邊，她還是渾然不覺。

「請問，我可以坐在這裡嗎？」

「不好意思，這個位置等一下會有人來，啊！是你杉橋先生。」

優子連忙打算闔上書，我看到封底寫著ＮＬＰ。

「這就是妳昨天提過的ＮＬＰ書嗎？」

「是啊！與其要你記住艱澀的理論，無法應用也是沒用。我看杉橋先生現在好像有迫切的需求，所以還是從練習開始好了。」

「好的。我們該怎麼練習？」

看到我露出狐疑的表情，優子用食指輕輕碰觸自己的下巴，同時點點頭。

「下巴。練習配合對方的下巴動作。」

「果真是下巴。我昨天想了一整個晚上，並不是只要下巴的動作對上了，東西就賣得出去吧！這練習不等於浪費時間嗎？」

優子聽得頻頻點頭。

「也難怪你會這麼想。因為我一開始也這麼認為。可是我可以很確定的告訴你，如果我當初懷疑下巴的效果，就不會有今天了。」

我回想起昨晚的情景。

優子的下巴，幾乎分毫不差的配合著青柳的下巴動作。

「首先我想知道的是，為什麼妳只是配合對方的下巴動作，就成為店裡的第一名呢？」

「這個問題不是簡單幾句話就可以解釋清楚的，總之，你先知道NLP裡有一項叫做**同步**的技巧，只要你的舉止能配合對方的動作，就能讓對方對你產生信賴感。」

「只要配合動作就可以建立信賴關係？如果靠這麼簡單的方法就能贏得信任，那麼各位就不必吃苦了。」

「我不知道你學會後，吸塵器會不會大賣，但是起碼不會一台都賣不出去吧？以我來說，以前就算再怎麼拜託坐我隔壁的客人『點我的檯嗎？』『可以指名要我坐檯嗎？』對方理都不理我，自從我學會配合對方的下巴動作後，突然就有人點我坐檯了。酒店小姐是商品，吸塵器也是商品。既然都是商品，你應該也賣得出去。」

只要靜下心想想，會發現優子的話其實很沒道理。

可是，毫無過人之處的優子，當上酒店紅牌，也是不爭的事實。

那間詭異酒吧的怪老闆也說要配合對方的下巴動作。

要說是巧合也真是巧合，但我就是無法停止自己的好奇。最重要的是，我也沒有第二樣可以依靠的法寶。

既然都已被逼到絕境了，乾脆就試試看吧！就當作是被騙好了，反正也不會有什麼損失。

「我該怎麼練習呢？」

「你終於有心要試試看了嗎？那要從哪裡開始好呢……這樣好了，我等一下會告訴你最近遇到的開心事，杉橋先生就好好配合我的下巴，跟著上上下下。」

練習大約十五分鐘就結束。

「你下午還要跑業務吧？加油！我等一下還要和朋友吃午餐。」

優子把ＮＬＰ的書放進包包裡收好，迅速離開了。

即使優子約我一起吃午餐，對現在只能借錢周轉的我來說，還是一筆沉重的開銷，心裡多少也覺得鬆了一口氣。接著，我便出發前往下午要拜訪的家庭了。

靠著配合對方下巴動作這招現學現賣，到底能不能奏效呢？

優子說一開始不必注意聽對方說什麼，只要專心觀察對方下巴的動作就好了。

反正按照現況發展下去，被炒魷魚只是時間早晚的問題。

乾脆我就豁出去，試試觀察對方下巴動作會發生什麼事好了。

我深深的吸了一口氣，確認門牌寫的姓氏是「坂本」沒錯後，按下了電鈴。

「您好！我是奈斯克林的杉橋。我已經依照和您約好的時間，到府上進行清掃。」

出來應門的是一個戴著無框眼鏡的白髮歐吉桑，眼神銳利有如爬蟲類。
他仔細的打量了我一番，接著開口問我。
「你就是花一百塊日圓，就會來清掃的人？」
我沒有預料到開門的會是歐吉桑，所以忍不住退縮了。
「是的。那個……。」
這位歐吉桑才不管我要講什麼，他轉過身去，對著家裡大喊。
「喂！業務員來了。妳來和他講。」
從裡面傳來高亢的女性聲音。
「請你幫忙清掃客廳吧！」
我被帶到客廳時，太太正專心的打掃廚房。客廳桌上放了兩個櫃子，裡面裝的都是看起來昂貴的時鐘。大概是這家主人的興趣。
為了保險起見，我還是詢問太太「請問我可以用吸塵器清潔地毯嗎？」結果太太只應了聲「麻煩你了」，連看都不看我一眼。
為什麼他們都把我當作空氣，無視於我的存在呢？
夫妻裡的先生，看起來令人畏懼。我想，他在公司一定是個冷酷無情的人。是那種為了自己升官發財，不惜犧牲同事或下屬的類型。

至於太太，既然都可以和這種先生當了那麼久的夫妻，一定也是一個不把人當人看的冷血動物。

難得有優子幫我特訓，現在卻苦無機會配合對方的下巴動作。

清掃的同時，我在心裡怨嘆自己真不走運，清掃完畢後，我照著平常的銷售話術又講了一次。

「我已經完成清掃了，接下來可以讓我介紹一下敝公司的吸塵器嗎？敝公司的吸塵器……。」

他們雖然讓我講完，可是完全沒有在聽。太太還是在廚房裡東擦西抹，先生則從櫃子裡拿出時鐘，仔細擦拭。

我在判斷成交無望後，為了不讓氣氛變得尷尬，就在收拾吸塵器準備打道回府的時候，順口對先生說了一句。

「您的蒐藏品水準很高呢？」

沒想到此話一出，先生第一次做出像人類的反應，抬頭看著我說。

「你對時鐘有興趣嗎？」

「是啊！可是我是商品都賣不出去的業務員，收入少到都要借錢過日子了，所以這種高級鐘錶對我來說根本就是奢求。」

當我快要繼續講自己的事情時，猛然在腦中聽見酒吧老闆的叮嚀。

「你的下巴要配合對方的下巴動作」。

對啊！我怎麼差點忘了！

於是我開始專注在先生的下巴。

「我年輕的時候也一樣，雖然很想要，但是買不起。」

先生的下巴往上抬了。我也跟著往上抬！

「你來看看這個。」

「這支瑞士製的表是一九三〇年代的骨董表。是第二次世界大戰時，一位歐洲的空軍軍官使用過的。」

先生的下巴保持不動。我也不動！

「接下來這支是勞力士……。」

先生的下巴往左邊動了。我也往左！

「這支是有鑲鑽的……。」

先生上下點頭。我也跟著點頭。

我唯一做的就是拼命跟隨先生的下巴，而先生則陸續拿出鐘錶，一一進行解說。

最後，先生拿出一支陳舊的精工錶，感嘆的看著前方。

「你說你是業績很差的業務員吧！其實，我也幹了一輩子的業務員。一開始我也拉不到生意，每天就是不斷的跑客戶。被撒鹽、潑水都是家常便飯。」

聽起來雖然是好像能振奮人心的內容，但是我光是為了配合先生的下巴就忙不過來了，實在無暇顧及他說話的內容。

「這支舊錶，是我為了紀念自己第一次拿到全國業績總冠軍的時候買的。不管後來我買了幾支高級手錶，還是這支最有紀念價值啊……。」

我不經意的瞥了手錶一眼，時間已經超過原本講好的四十分鐘了。不知何時已打掃完畢的太太，坐到先生旁邊喝茶。

太太放下茶杯的時候也說話了。

「喂，你不要太過分。你這樣是給人添麻煩。他又不是來聽你講時鐘的故事，你一講就沒完沒了。對吧！」

太太在說「對吧！」的時候，下巴上下移動著。

我一邊說「不會啦！」下巴也跟著上下移動，所以看起來像是大力點頭。

先生不在意我笨拙的動作，只是把兩手放在桌上，直盯著我的臉不放。

那雙很像爬蟲類的眼睛，讓我覺得好有壓迫感，而且很恐怖……。

「你那台吸塵器，是要賣的吧？多少錢？」

多少錢？他該不會要買吧？

在這之前，不論我講得再起勁，也從來沒有人問過我要多少錢！

「要賣沒錯。三十五萬日圓。」

我的聲音在發抖。

太太像是發現大事不妙一樣，連忙拉高了音調出聲。

「喂，你要幹什麼！」

先生完全不顧太太想要阻止他的企圖，若無其事的對我說。

「給我看看商品簡介。」

我作夢也想不到事情會有這樣的發展。

我連忙從公事包裡拿出商品簡介。

「好、好的。就是這份。」

先生皺起眉頭，同時打開簡介看著吸塵器的照片。

太太忍不住開口「喂，你不要太過分。」眉頭皺得更緊了。

意想不到的發展，讓我心跳加速，腦中也一片混亂。

說不定……。

不可能，怎麼可能會有這種事……。

啊！對了！這個時候，我需要一句關鍵性台詞，讓只差臨門一腳的訂單趕快成交。

呃……該說什麼好呢？

想不出來。我的腦中一片空白，什麼都想不出來。怎麼會這樣……。

明明我比任何人都迫切需要這張訂單，卻連一句讓客戶下定決心的話也說不出來。我真是個廢柴。果然做什麼事情都不會成功。就在我即將陷入自怨自艾的無限循環時，先生開口了。

「髒東西會積在水裡。吸力應該是比我們正在用的這一台好很多吧！既然東西好，就算貴一點，還是買來用用看好了。」

就在我一時還反應不過來，還愣在原地的時候，先生又補了一句。

「如果你有帶合約書就拿出來。我現在就簽一簽。」

成交了！

結果，我努力講了半年，讓我無功而返的銷售話術，竟然比不上配合對方下巴的動作，還有聽對方聊鐘錶的效果。

到底發生什麼事……。

到底是為什麼呢？

關於NLP和「同步」

只要配合下巴動作，產品就會自動賣出。

讀到這裡的讀者，可能會覺得這句話根本是胡扯。

但請各位等一下再做判斷。

「怎麼可能有這種事。如果靠這招就可以變得很會賣東西，就不必那麼辛苦學說話術了。」

其實這也是我第一次聽到時，當下的感想。

如同「前言」所提，我和主角「杉橋」一樣，當時也是個業績掛蛋的業務員。和杉橋稍有不同的是，當時已陷入谷底的我，為了讓業績起死回生，花了一筆不小的金額，參加了某個講座，學到了「**配合對方的身體動作**」的技巧。「**配合對方下巴的動作**」是我從中擷取的基本要素。

當我知道這個方法時，根本覺得是胡說八道。好歹這也是我付了學費才聽到的內容，所以我也是抱著死馬當活馬醫的心態試試看。

結果，一連幾個月都沒有接到訂單的業務員，竟然晉身為全國的業績冠軍。

我還記得，其他業務員看到白板上，我已經超過半年一片空白的業績欄位，不斷填上愈來愈高的數字時，目瞪口呆的表情。

其實，我也曾在表明購買意願的客戶面前啞口無言。

會有這樣好的結果，是來自ＮＬＰ這項技術。

最近，自我發展理論的認知度比心理學更高，在書店也常看到這類的書籍。所謂的ＮＬＰ，意即神經語言程式學（Neuro-Linguistic Programming）的簡稱。創始者是語言學家約翰・葛瑞德（John Grinder）和理察・班德勒（Richard Bandler）。

他們針對催眠療法的米爾頓・艾瑞克森（Dr. Milton Hyland Erickson）、完形治療法的波爾斯（Fritz Perls）、家族治療的維琴尼亞・薩提爾（Virginia Satir）這三位心理治療權威的療法進行研究，探索治療成功的比例為何如此之高。最後發現有些技能為三位心理治療大師共通使用。將其加以系統化，並視為心理療法而發展至今的，就是NLP。NLP也陸續應用於商業、運動等領域，連安東尼·羅賓（Anthony Robbins）、美國前總統柯林頓也是NLP的門生，也因而大幅提升了NLP的知名度。

我在二十年前，差不多在我三十歲時，認識了NLP。

當時我完全做不出業績，為了擺脫這情況，我誇口要改行當諮商師。所以我參加諮商師的培訓課程，沒想到這也成了我接觸NLP的契機。

透過當時的培訓課程，我先學習的是如何成為讓人信賴的諮商師。**為達到這目標，必要條件並非口若懸河**。為了讓對方認同自己是值得傾訴的對象，學會如何「配合對方的波長」，是必備本領。在NLP這種技術稱為「**同步**」。

同步重點有三個。

就是身體、聲音、言語的運用方式。

身體的運用方式，包括姿勢、手勢、腳站的位置、表情等身體動作都必須配合對方。

剛開始學習時，我抱著半信半疑的態度「做這些事真的能建立信賴關係嗎？」即使在實習時找人練習，也沒有實際體會的效果。甚至在實習時心不在焉，因為我有點後悔「幹嘛做這種白費工夫的事」。但是，既然都繳了學費，就算沒效，還是決定在跑業務的時候試試看。

結果發現一個事實。為了和對方做出一樣的動作，必須仔細觀察對方。而且，聽對方說話的時候，也不能疏忽對方的肢體動作，所以一開始需要相當大的努力。

只要模仿的動作愈來愈熟練，我和客戶間的關係也明顯改變。

之前，我每次和初次見面的客戶接觸時，因為對方對我還有戒心，所以雙方無法暢所欲言，最後總是演變成我一個人唱獨角戲的局面。但自從我知道同步這件事，對我卸下心防願意開口的人增加了，而且業績也呈現驚人成長，簡直是鴻運當頭。

周圍的人對我另眼相看。畢竟我這個持續三年（時間是杉橋的六倍！）毫無表現的業務員，居然一下子成為全國的業績冠軍。

為什麼溝通突然變沒有阻礙呢？

關鍵在同步，**配合對方的下巴動作**。

直接模仿手部的動作很容易被發現，也會引起對方的反感或覺得你很可疑（偶爾我會看到初學者用粗操的手法模仿）。

我在學習的過程，每次和客戶接觸時，都會嘗試各種姿勢、站姿、坐姿、身體重心等，透過實踐，我發現**配合對方脖子的動作**，效果最好。

這不稀奇。如果你和一群彼此很熟的人聚在一起，不難發現大家會採取同樣的動作。例如，同時拿起杯子喝水，或改變身體的姿勢。這現象，代表大家正處於波長相同的合拍狀態。更進一步仔細觀察的話，我發現尤其是脖子的搖動方式，更是如出一轍。如果對方波長一致，能更容易溝通，若遇到第一次見面的人或波長不合的人，只要刻意努力去配合對方，和你不對盤的人會自然而然的減少。

前文由酒吧老闆傳授的「配合對方的下巴動作」，雖然聽起來非常簡單，執行起來卻相當困難。我在課堂練習的時候，在場有八成的人都無法做到。各位的下巴都忍不住各動各的，沒辦法配合對方，而且每個人習慣擺動脖子的速度和幅度也不相同。

急性子的人，脖子擺動的次數很多，但是幅度很淺；個性慢條斯理的人，脖子動的次數沒那麼多，但是幅度較大。波長能自然合拍的人，通常是彼此相似的類型。

想想看，如果一個不時微微點頭的急性子，說話給一個點頭點得又大力又慢的人聽，是什麼狀況。我想不用想各位也知道。這兩個人的波長完全對不起來。就結果而言，兩個人無法讓彼此產生共鳴，信賴關係的建立也會出現「嫌隙」。

「配合對方的下巴動作」，是為了傾聽對方說話的「保險」。如果沒有這項「保險」，就無法直搗核心。各位如果能先培養出這項保險，想必對方也會漸漸願意開口。

只要仔細觀察對方的下巴，讓自己的下巴配合對方，雙方的波長就會一致。**這樣你根本不必沒話找話講，也能很自然的和對方打開話匣子**。就算你不開口也不必擔心。你只要確實做到同步，雙方就會建立深厚的信賴關係。

為了確實體驗同步的效果，請各位找身邊的人閒聊看看。我想各位一定能感受，信賴關係對溝通的順利與否有多麼重要了。

剛開始困惑不已的主角杉橋，逐漸感受到「配合對方的下巴動作」所帶來的效果。

從一知半解，到逐漸掌握竅門的杉橋，如何乘勝追擊，屢創佳績呢？

第2堂

「鸚鵡學舌」讓客戶說出真心話！

——立刻建立信賴關係的「回溯法」

只賣出一台的話，完全有可能是巧合。
也可能是我之前付出的努力，終於開花結果。
如果問我為什麼，我希望是後者。
但我微薄的心願，卻無情的被粉碎了。
繼鐘錶迷坂本先生捧場一台，隔天我又在中午前賣出了一台。
結果，我一個星期內賣了三台。
之前，不論我怎麼努力，一台也賣不出去。
銷售方面的書我不知道看了幾本，銷售話術我更是全背了下來，為了讓聲音聽起來更吸引人，我甚至連腹式呼吸都學了。
但還是全軍覆沒。不管我費盡三寸不爛之舌，賣不出去就是賣不出去。
是不是我哪裡變了……。
我想來想去，覺得唯一的改變只有配合對方的下巴動作。
我不經意的抬起頭，剛好對上山崎部長發怒的臉。
「杉橋！你在發什麼呆啊！趕快報告這個星期的業績！」
每個人都站在業績表前，進行這個星期的檢討。

業績表就是一大塊白板，上面記錄十五名業務員的姓名、拜訪件數、成交件數。因為我還沒有報告，所以我的欄位是空白的。

我還是覺得不可置信，業績破蛋的消息我也還沒告訴任何人。但山崎部長一定要用這種態度對我嗎？

我才說到「我知道了！這個星期是……。」就被山崎部長打斷了。

「你不用再講了！反正又是零吧！你這傢伙真不受教。賣不出去就算了，每個人都會失敗。即使我今天已經當到部長，也是經歷過業績很差的時期。青柳現在是公司的王牌，但他一開始也不是這麼順利……。」

山崎部長看向白板。

慣例是按照前一週的排名依序發表，所以我總是最後一個報告。十五名業務員的平均成績大約是三、四件。只有依然穩坐本週冠軍的青柳一支獨秀，達到了八件的好成績。山崎部長在上面打圈圈表示嘉獎。

「正因為在業績不理想的時候努力學習，才能獲得現在的成功。我和青柳都從失敗中汲取經驗，得到了成果。可是你得到的成果是什麼？持續半年業績掛蛋？你根本沒有從失敗中學到任何經驗。」

其他業務員開始竊竊私語，還聽到有人在發笑。

我握緊發抖的拳頭，脫口而出「不是零。」

「什麼？不是零？」

山崎部長把身體往前傾，一副馬上想衝過來揍我的表情。我克制發抖的聲音，說出打從我進公司後，苦無機會說出的一句話。

「成交件數有三件！」

前一秒鐘還鬧哄哄的房間，馬上變得鴉雀無聲。

我左右環顧，發現大家都露出看見稀有動物的表情。

但山崎部長還是一副盛氣凌人的樣子。

「你不要怕挨罵就虛報業績，根本沒有人和我報告這件事！」

「很抱歉。因為我自己也不敢相信，所以沒有報告。但是我說的是真的，收據在這裡。」

我拿出收在胸前口袋的收據，遞給山崎部長。

山崎部長不發一語的一張張確認，然後看著我。

「這位坂本先生，該不會是那個長得一副鱷魚臉，又很喜歡鐘錶的老爹吧？」

「是他沒錯，有什麼問題嗎？」

我一說完，青柳突然插嘴說話。

「真的假的⁉不論誰去，那對夫妻都只是讓人打掃，什麼話也不聽，怎麼會這樣？阿杉，你做了什麼？」

「我沒有做什麼。只是稱讚他的時鐘很棒，然後一直聽他講時鐘的事情，最後他就說他要買吸塵器了。」

「我聽你在胡扯。聊時鐘人家就願意買吸塵器，天底下哪有這麼荒謬的事。這是運氣啦！」

青柳露出難以置信的表情走出去。他的舉動像是在暗示會議已經結束，其他業務員也跟著走出會議室。

當我也打算走出房間時，被山崎部長叫住。

「就算只是巧合，賣出去就是賣出去了。還是應該和你說聲恭喜。不過你到底是不是真有本事，接下來的表現才能見真章。」

因為很需要有人告訴我到底發生什麼事，所以當天晚上我又去了 Rapport。

推開沉重的木門，裡面還是一個客人也沒有。

獨自擦著玻璃杯的酒吧老闆，看到來者是我，面露微笑。

「從你的表情看不出來東西是賣出去了沒。」

我在吧檯坐了下來，一邊回答。

「我一口氣賣了三台。可是，賣得莫名其妙，不知道對方為什麼會買。其中有一台是賣給一個姓坂本的客戶，聽說之前不論誰去，他都不買。結果我竟然賣出去了，同事都覺得很不可思議。」

「這樣啊……你覺得東西為什麼賣出去了？」

「就是不知道，才過來請教您。」

看到火氣快上來的我，酒吧老闆把手放在吧檯，放低音量說話。

「有沒有哪裡和以前不一樣？對了，你要喝什麼？」

我真的搞不清楚眼前的酒吧老闆到底是說正經的，還是開玩笑。

我點了啤酒。趁倒啤酒的空檔，我仔細想了一下有哪些地方和以前不一樣。

「我的銷售話術完全派不上用場。以前做了很多功課，如何解除對方的戒心、如何透過說明讓對方對產品感到興趣、如何讓對方在快要成交的時候下定決心。面對客戶的時候，我每次都講得很認真。但這次我幾乎沒什麼講話，但也不知道怎麼回事，這三台都是客戶主動說要買的。」

「客戶講話的時候，你在做什麼？」

我做得和以前不一樣的事情只有一樣。

「下巴。我的下巴有配合對方下巴的動作。」

「那不就好了嗎？」

「好什麼好，一點都不好。我還是不知道

為什麼只要配合對方的下巴動作，東西就賣出去了。」

酒吧老闆把裝滿啤酒的玻璃杯和盛了堅果的小碟子放在櫃台，對我說。

「我問你好了，你現在想要什麼東西？」

「我想要智慧型手機。但我現在的薪水根本買不起……。」

酒吧老闆聽完點了頭，從櫃檯下方拿出冰錐。

「如果我拿冰錐送你，你會想要嗎？」

「不想要，因為我用不到。」

「如果我現在開始拼命解說這冰錐有多好用，你覺得你會想買嗎？」

「除非能勾起我很大的興趣，否則應該不會買吧！」

「是吧！你有把握你準備的銷售話術，能引起客戶的興趣嗎？」

我被他問得啞口無言。

說實話，我只是把銷售手冊的內容背起來，照本宣科的講一遍，根本沒想過自己講的內容能不能引起客戶的興趣。

既然如此，客戶不買帳也是理所當然的。

我承認自己的話術太差，但光靠配合對方的下巴動作，就能把東西賣出去這點，我還是不能心服口服。

「可是，為什麼只要配合對方的下巴動作，東西就賣得出去？」

聽到我老實說出心中的疑問，酒吧老闆撇了撇嘴丟了一句話。

「你還不明白？難道你有學習障礙嗎？」

這句話讓我好受傷。眼前瞬間浮現山崎部長的臉。

「算了，你以後就知道了。如果我直接告訴你，對你的成長沒幫助。別說這個，你下一個課題是**鸚鵡學舌**。」

「鸚鵡學舌？」

聽到我皺著眉頭反問，酒吧老闆大力點頭。

「對，就是鸚鵡學舌。接下來，你就只要**重複對方一部分講的話**。」

「只要重複就好？」

「沒錯，就是這樣。我看你應該挺擅長鸚鵡學舌嘛。呵呵呵。」

我也要學你呵呵呵嗎？哼！我才不要。

我只是聽到意想不到的內容，所以才忍不住重複同樣的話。並不是很擅長，好嗎？

而且，我也搞不懂擅長鸚鵡學舌和銷售吸塵器有什麼關係。

「如果使用鸚鵡學舌會怎麼樣？」

「我不是針對你，但現在的年輕人都有這個壞習慣。還沒做就想知道結果，一點挑戰精神和好奇心都沒有。這樣沒辦法創新。別問這麼多了，做就是了。」

「可是我的工作又不是商品開發。」

「你還想和我講歪理。現在的年輕人，在沒做之前就想一堆藉口。你難道沒想過要換工作嗎？你打算賣吸塵器一輩子嗎？誰告訴你以後沒有機會做商品開發的工作？其實，你要不要做對我根本沒差。」

如果使用鸚鵡學舌會怎麼樣呢？

我在回程的電車上，反覆思索著這問題。

我眺望著窗外的風景，想起了優子。

因為業績終於破蛋，而且一連成交了三件業績，腦子還是一片混亂，根本忘記要向優子報告了。

我向優子傳了一封簡訊。

「我是杉橋。前陣子多謝妳的幫忙。託妳的福，我賣出了三台吸塵器。明天妳如果有空，可以和妳再約在吉祥寺的星巴克，陪我練習嗎？我下一個得完成的課題是鸚鵡學舌。」

優子指定的時間，又是上午十一點。我一走進店裡，看到優子還是坐在和上次同樣的位置，喝著咖啡，一邊向我輕輕揮手。

「成交三台不是很厲害嘛！配合對方的下巴動作果然有效吧？」

「是啊！客戶講話的時候，我只做一件事情，就是專心配合他下巴的動作。」

「我沒有騙你吧！下巴真的有效。既然做到業績了，你怎麼還苦著一張臉？」

我向優子全盤托出從業績破蛋當天開始，疑問和不安多於喜悅的心情，還有昨天和酒吧老闆的對話。

「原來杉橋先生有從酒吧老闆那裡問到下巴的用法。難怪我會想不通，沒聽過

ＮＬＰ的人怎麼會知道下巴的事。你說酒吧老闆又出了下一道課題——『鸚鵡學舌』給你是吧？我敢保證那位酒吧老闆一定知道ＮＬＰ。」

「鸚鵡學舌也是ＮＬＰ的技巧嗎？」

「正確的專業術語是『回溯法（Back Tracting）』。**就是重複一部分對方的話，讓對方產生『這個人有在聽我說話，他很了解我』的印象。**」

聽完優子的說明，雖然我了解鸚鵡學舌的意義和效果，但這些和我賣吸塵器有什麼關係？如果不問清楚。我的疑問和不安還是沒有解決。

「上次講到下巴的時候也一樣。確實是客戶主動開口了，但我還是不知道該說什麼。而且賣出去三台的業績，也是跑了三十間以上才有的成績。和這三位客戶以外的人接觸時，情況還是和以前一樣，對拿到訂單沒有任何幫助。」

「對拿到訂單沒有任何幫助。」優子一臉認真的看著我，對我這麼說。

「就是這樣。當然就像酒吧老闆講的一樣，我的銷售話術能引起對方興趣的部分很少，所以我要負很大的責任。」

「要負很大的責任。」

「我覺得做業務的就是要磨練出三寸不爛之舌，讓對方聽得舒服，而且具備只要一拿出合約書，對方一定簽約的魅力。我覺得如果能聽到對方告訴我『杉橋先生，我對你真是甘拜下風。』超帥的。妳不覺得這就是一個幹練的業務員該有的樣子嗎？」

「幹練的業務員嗎？對了，我認識一個在辦講座的客戶，他經營的是培訓業務人才的講座。他說學費是三堂課十五萬日圓。價錢有點貴，但你要不要試試看？如果說是我介紹的，說不定會有折扣。」

「真的嗎！？十五萬日圓真的有點貴。不過，如果我可以維持這樣的水準賣下去，也不是付不起的數字，只要講座能讓我的業績變得更好就可以。很難決定耶。」

「很難決定吧？」

「沒錯，妳果然是……啊！」

我才大聲說完，優子馬上莞爾一笑，問我「你發現啦？」

優子把我當作鸚鵡學舌的對象，剛才她一直重複我講的話。

「杉橋先生，你被我當作鸚鵡學舌的對象，感覺怎麼樣？」

被優子這麼一問，我開始回想剛才的心情。

當我被她當作鸚鵡學舌的對象時，很容易打開話匣子。有一種被接受的感覺，或者是對方願意聽我訴說的感覺。我覺得愈講心情愈好，連自己嚮往成為哪一種業務員這種和主題無關的事情都說出口了。

「我覺得心情變得好好，話也變多了。」

「看吧！你那個時候，就連聽我提到詐騙講座的事，就算知道學費很貴，還是很有興趣。」

「詐騙⁉」

「哈哈哈，抱歉。重點是，你猶豫要不要參加講座是事實吧！」

「那是因為我講了我想成為哪一種類型的業務員才……。」

「為什麼你會連原本沒打算講的事都告訴我？」

「因為鸚鵡學舌的效果？」

聽到我戒慎恐懼的說出答案後，優子滿意的大力點頭。

「**我覺得最有效的方法就是了解對方**。好了，今天的課就上到這裡。好好練習鸚鵡學舌喔！」

優子拿起包包往肩上一背，迅速走出店外。

「了解對方……鸚鵡學舌了解對方……鸚鵡學舌。」

優子離開後，我坐在桌子前喝咖啡，不自覺地喃喃自語。

叮咚！

「誰啊？」

「您好！我是奈斯克林的杉橋！」

這天下午的業務跑得不是很順利。

昨天我翻著電話簿和主動聯絡的名單，打了無數通電話。結果，有一戶人家雖然已經和我約好可以去免費清掃，等我到了卻發現人不在家，另外一家是在門口拒絕我：「算了，我還是覺得怕怕的。」

不要說鸚鵡學舌了，我連對方的下巴長得什麼樣子都沒機會看清楚。

接下來這一家是今天的最後一件約訪。門牌上寫著「中山」。

中山家是目前少見的木造獨棟房屋，看起來古色古香，讓我聯想到漫畫蠑螺小姐的家（蠑螺小姐是一九四六年發表的四格漫畫，為日本國民漫畫的代表作品之一）。

我把吃閉門羹的不愉快拋到腦後，正打算對著對講機，要說話時，門卻喀拉一聲開了。一位長得好像漫畫蠑螺小姐中的波平（漫畫中的角色之一），頭頂上沒剩幾根頭髮的歐吉桑從門內探出頭來。

「啊、波平……不對，請問您是中山先生嗎？」

慘了……。

雖然完全沒有惡意，常常把人名講錯，是我長久以來的壞習慣。

可是波平，不對，是中山先生，一句話也不說就直接引我進門了。

玄關放了各式各樣的擺飾。

仔細端詳一看，都是大小不一的各種茶壺和碗盤。

大概是骨董。

看到我端詳的模樣，中山先生開口問我。

「年輕人，你對陶瓷有興趣嗎？」

別開玩笑了，我一點興趣也沒有。要是我現在說沒有，對方大概不會給我機會談吸塵器。

要是我說「有」，等到對方和我聊到很專業的部分時，我又該如何應答？就在我被逼得進退維谷，不知該如何回答的時候。

腦中響起了酒吧老闆的聲音

「鸚鵡學舌！」

「你說陶瓷嗎？」

中山先生嗯了一聲，把視線轉向陶瓷器，下巴並且上下動了兩次。

我也依樣畫葫蘆的動了兩次下巴。

「這只茶壺是信樂燒，年代是江戶後期。信樂燒那麼有名，你應

該聽過吧？」

鸚鵡學舌！

「很有名嘛。」

「這種配色是渾然天成，不是用顏料畫出來的。而且，陶瓷是燒出來的，所以不論是多麼有名的大師，也不可能做出兩件一模一樣的作品。」

鸚鵡學舌！

中山先生把這個小茶壺放回去之後，又拿起一個稍微大一點的盤子凝視著。這次他大大的動了下巴一次，當然我也跟著大大的動了下巴。

「這是有田燒的盤子。圖案很精美吧？你看。」

「很精美呢！」

按照這種步調進行的話，我就不必費盡心思去想每一句得體的感言了。

所以我決定專心做好鸚鵡學舌就好。

「其實這是因為土質不同。」

「土質嗎？」

「而且每個窯都有各自的特性。」

「窯都有特性。」

「火力的調節也很困難。」

「嗯，很困難。」

現在是什麼情況？

我不過只是重複對方一部分講過的話，但中山先生光是解說玄關擺放的陶器，就講了超過三十分鐘。

等到他回過神來，他還對我說「站著講太累了。」然後把我帶進客廳。

但是，我腦中的警報器卻開始大響。

接著，我馬上知道我的壞預感是對的。

客廳所見之處都是骨董，數量多到數不清。如果一一聽完他的解說，我一定沒有時間銷售吸塵器。

我只好打消推銷的念頭，決定利用這個機會練習配合對方的下巴動作和鸚鵡學舌。

太太端過來的茶，中山先生一口也沒有喝，只是繼續很起勁的聊著陶器的事。

話題不知何時從陶器聊到中山先生的人生經歷。

那個信樂燒的盤子，是他當初在滋賀的土產店一眼就中意的寶貝。那次的旅行是他和太太在結婚前的第一次出遊。因為沒有小孩的關係，所以只要手頭寬裕，錢全都花在骨董上了。光是收集還無法讓他感到滿意，所以從幾年前開始上陶藝教室捏陶。退休以後，每個月固定都會到滋賀捏陶。

我發現從按電鈴到現在，已經過了兩個小時。

我的注意力漸漸無法集中，不論是配合下巴的動作，還是鸚鵡學舌，都覺得愈來愈吃力。

但中山先生對我的異狀完全不以為意，他把自己最近剛完成的陶碗拿給我看，然後問了我一個問題。

「人們都說陶藝的世界很深奧，你知道這句話的意思是什麼嗎？」

「什麼意思？」

「假設我打算做個飯碗好了。初學者會在腦中想像碗的造型，再把陶土放在轆轤上轉動。但是，實際動手後，才會發現成果和預計的目標有很大的出入。出窯以後，不論色澤、形狀、質感都和原本的設定不同，變成一個完全意想不到的飯碗。」

「既然是意想不到的結果，表示這個飯碗是失敗品囉？」

「不是，不能這樣說。我們會再次挑戰，想做出自己滿意的飯碗，但這次做出來的成品又完全不一樣。接著又有第三次、第四次。可是，即使拉胚的技術進步了，也懂得控制火候，還是無法達到當初的目標。透過無數次的反覆，終於發現到一件事。」

「發現？」

「陶藝其實和人生沒有兩樣。」

我現在可沒有閒情逸致在這裡傾聽人生大道理。

老實說，我現在歸心似箭。但我還是擠出最後一絲力氣，運用鸚鵡學舌。

「和人生沒有兩樣。」

「每個人在年輕的時候都有自己的夢想或目標，可是沒有人能夠百分之百達成。如果在中途產生無力感，人生就白費了。陶藝，尤其拉胚更是如此。如果一開始設定的目標是飯碗，就算和成品的樣子有出入，起碼做出來的還是飯碗。但是如果一開始就抱著反正做出來的飯碗一定和預期不同，放棄製作飯碗的念頭，隨便捏土，陶土在拉胚的過程就會塌掉，什麼也做不出來。」

怎麼覺得這就是在講我。我有一種被揍一拳的感覺。

我開始覺得坐立難安，低下頭想著該如何起身告別，這時，中山先生卻開口。

「給我吧！」

這麼一說，我才發現自己忘記遞名片。

我趕緊從內側口袋掏出名片來，交給中山先生。

結果，中山先生在我眼前用力揮手。

「不是，不是名片啦！你不是吸塵器的業務員嗎？我是說我要買吸塵器。」

不會吧？現在說要買是怎樣？

我只不過是聽他說話，他竟然主動說要買。

和之前三次的成交是完全相同的模式。

這樣的結果也是造成我信心打折的原因。如果每次都這樣，我還是原來的我，不會有任何改變。我抱著本來就沒打算推銷的放棄心態，主動和對方攤牌。

「如果您什麼說明都沒聽就決定要買，之後要是發生糾紛要解約的話，會讓我很為難，是不是應該讓我介紹一下產品？」

中山先生露出不可思議的表情。

「你這個人很奇怪，我都說要買了。好吧！反正你都聽我長篇大論了，我就聽聽你的說明吧！」

雖然我打算按照銷售手冊的話術說，但是我脫口而出的，卻是截然不同的內容。

「請問，如果有灰塵混進陶土裡，是不是會影響到陶器的品質呢？」

「對。有可能在燒製的過程導致陶坯裂開。」

「我在家裡也有使用我們公司的吸塵器。因為是用集水槽收集灰塵，和一般的吸塵器不一樣，不必擔心灰塵會飛來飛去，關著窗一樣可以打掃。打掃後，房間的空氣會變得很乾淨，所以我覺得很適合從事陶藝的人使用。」

我邊說邊拿出商品簡介。

雖然銷售手冊有明文規定「先讓客戶看看商品簡介，對商品有個初步的概念，再展開話術」，但我的順序剛好顛倒。

銷售手冊還規定。

「商品簡介要自己用手拿，以免讓客戶找不到。」

但是，中山先生從我手中把商品簡介搶過去，專心的讀了起來。完了，這下子東西不可能賣出去了。

反覆看了好幾次商品簡介的中山先生，突然大叫起來。

「你怎麼不早點告訴我啊！這麼棒的東西，我應該買兩台，在家裡和工作室各放一台。哎呀，好險有聽你說明，真是謝謝你。」

為什麼會這樣？

我完全搞不清楚。我只不過是配合下巴的動作還有鸚鵡學舌而已。我沒造著銷售手冊的內容執行，東西卻賣出去了。

而且跑一家還同時賣出兩台。就算是王牌業務員青柳也辦不到吧？

況且不但賣了三十五萬日圓的吸塵器，還賺到對方一句「真是謝謝你。」

在回公司的車程，我心情逐漸平穩下來，把今天和中山先生的互動回想了一

遍。

能賣出一台，應該是下巴和鸚鵡學舌的效果。

鐘錶控坂本先生和之前賣出的兩台，都是運用下巴的技巧，模式一模一樣。

發展至此，我也不得不承認下巴和鸚鵡學舌的效果。

但是，我總覺得中山先生買的第二台，是靠自己的實力賣出去的。

中山先生的第一台和第二台的差異是什麼。

我講的順序一塌糊塗，內容也和銷售手冊寫的相差十萬八千里，連背得爛熟的銷售話術也一句都沒派上用場。

但是，我能按照自己的方式，確實向對方說明。

一開口連我自己也覺得意外的話術，是促使中山先生向我購買第二台的動力。

這句連我也想不到的必殺技台詞，又是怎麼被引導出來的。

我想起優子說過的話。

「我覺得最有效的方法就是了解對方。」

為什麼我說的話會得到中山先生的認同？

之前我向酒吧老闆問的問題，答案好像呼之欲出了。

只要專心聽對方講自己的事兩個小時，即使是初次見面的對象，也會有通盤的認識。重點就是聽對方說話，「了解對方」。

解說

鸚鵡學舌「回溯法」

第一步是傾聽對方說話，「了解對方」。

費了一點工夫，杉橋總算解答一個疑惑。或許有些人忍不住嗤之以鼻「這不是超基本的問題嗎？」我在研討會上提到鸚鵡學舌是了解對方的絕佳手段，也很少有人會告訴我「第一次聽到這件事」。

我幾乎沒看過有人一開始練習，就能順利上手。已經做出一番成績的業務員另當別論，即使已熟讀理論，能迅速進入狀況的人還是很少。

認識對方的第一步是「傾聽」。

這是所有溝通的起點。優子在離開前對杉橋說的那句話，象徵這樣的意義。

「我覺得最有效的方法就是了解對方。好了，今天的課就上到這裡。好好練習鸚鵡學舌喔！」

沒錯，**為了達到「了解對方」的效果，「鸚鵡學舌」是最有效的手段。**

在NLP中，鸚鵡學舌的專業術語是「回溯法」。

回溯法分為兩種。一種是重複話語的「**語言的回溯**」，另一種是重複想傳達給對方的「**意義的回溯**」。

透過前面故事的敘述，可以了解，即使現學現賣，「語言的回溯」也能帶來驚人的效果。

至於第二種的「意義的回溯」，使用必須特別注意。

想一吐為快、無心傾聽的人，很容易用自己的話重新解釋對方講的話，並在當中加入自己的看法。

這作法會讓你自以為很聰明，給對方一種主導權在握、強勢的感覺。

但自己重新解釋的版本，是否和對方原本想表達的意思契合？答案是否定的。

即使使用同樣的字彙，想重現對方的意思，每個人背景和經歷的差異，也會造成每個人對字彙的定義或認知出現落差，而產生誤會。

以下主管和屬下的對話，聽起來有沒有似曾相似的感覺呢？

主管：上次休假我們全家去滑雪了。

屬下：真的！可是您家的小朋友還小，應該很累吧！

主管：不會啊！小孩子玩得非常開心！因為是第一次看到雪。我一直花時間教他們滑，自己都沒滑到。

屬下：是啊！和家人出去旅行很辛苦，一點都不好玩。

聽對方説話的人，是抱著想理解對方的心情，所以用自己的話重新解釋了一次。但是，他依據的完全是自己的體驗，和説話者想表達的意思完全不同。

上述例子，主管想要表達的意思是「小孩既然開心，當爸爸的自然也高興」，但是單身的屬下認為帶小孩出去很辛苦。

把別人講的話用自己的角度切入，會忽略對方想表達的重點。

為理解對方的意思，單純使用「鸚鵡學舌」是更好的選擇，因為這不帶有個人的主觀意見。

或許有人覺得改用另一種方式詮釋對方的話，可以展現自己的才智，但是讓對方成為主角的原則很重要，希望各位都能記住。

隨時提醒自己只要單純重複對方的話，不參雜主觀的意見。以結果來看，不但可以更了解對方，也能讓對方感受到「這個人對我說的話產生同感」。

進行鸚鵡學舌，語尾的感歎詞用法有好幾種，必須注意使用的區別。例如，以下三種。

「說得也是。」

「是這樣啊！」

「是這樣嗎？」

這三種語尾適用的場合完全不同。

例如，「是這樣嗎？」在人的潛意識，「被人發問」的質疑感會強過「自己的意見被接受」的認同感。

以滑雪的例子，潛意識中，「你去滑雪了吧！」的說法，會比「你去滑雪了嗎？」更能傳達「對方確實了解我的意思」。為了找出配合對方的最佳模式，可以多方嘗試。

最簡單的作法是重複單字，不加任何結尾語助詞。這麼做不會打亂對方說話的節奏，還能促使對方「說出來」。

無論採用哪種方式，想達到了解對方的目的，直接重複對方的某句話，可以提升你和對方間的共鳴。

自從掌握傾聽別人說話的技巧，我發現自己改變了。開始體會業務這項工作的樂趣。

業務的樂趣是可以和形形色色的人群接觸，而且有機會聽他們暢談自己的人生經驗。

即使曾為零業績業務，實際運用在諮詢師培訓課程學到的傾聽技巧，也能逐漸喜歡業務的工作，就像本書的主角一樣，得到許多不可思議的體驗。

我以前曾不擅與人溝通，對客戶聊的話題不感興趣，也不知道傾聽時該用什麼表情反應，等到回過神來，才發現我一直都在講商品的事。

自從知道「鸚鵡學舌」，即使聽到完全不覺得有趣的事情，經過我反覆的鸚鵡學舌後，客戶卻愈講愈起勁，願意告訴我更多事情。

傾聽的最大效果是，**你的好奇心會被激發出來，對對方產生興趣和好感**。就像杉橋替中山先生設想周到一樣，你自然能將心比心，提出貼近對方需求的方案。我想，能達到這點，才是這技巧的最大重點。

現在我還記得，自從親身體驗這個技巧的威力後，我才知道自己以前講話時從不替對方著想。

自從我懂得專心傾聽對方的長篇大論後，了解對方的知識涵養和中心思想，很多客戶都會對我說。

「不好意思，都是我一個人在講。對了，換你介紹你們家的產品吧！」

客戶終於對我想表達的事感興趣了。

我接下來講的內容，也能得到客戶的注意。

學會同步和回溯法的技巧後，杉橋明白傾聽帶來的威力。他已確實朝「成為幹練業務員」的目標前進，他也發現自己的轉變。

接下來，我們來看這樣的變化，是不是會給杉橋帶來正面的效果。

第3堂

利用「模仿」，贏得共鳴！

——讓對方自動開口的「手勢」和「視線」同步技巧

吸塵器業績的提升，也不過是這一、兩個星期的事。

成果要從下個月的薪水才能反映，對我目前經濟困難的窘境，一點幫助也沒有。窮到連便宜的罐裝咖啡都必須節制，更不可能三番兩次去酒吧喝酒。

雖然我恨不得能早一點去 Rapport，回答酒吧老闆上次問我的問題，看看答案對不對，卻還是壓抑這股念頭，繼續跑業務。

吸塵器果然一台又一台的賣出去了。

雖然業績還不及青柳，但每天至少能賣出去一台，維持兩、三天賣出一台的穩定步調。

同事看我的眼光也愈來愈不同。即使是業績比我好的業務員，對我的態度也變得親暱許多。但成績被我超前的業務員，變得對我愛理不理。

我的感受依然不變，與其說是「我賣出去了」，不如說「對方主動跟我買」更貼切。

有成果，細節自然不用太挑剔。

隨著在公司的評價提高，我的膽子也跟著變大了。

我去拜訪中山先生的十天後，確認戶頭還有可以撐到下個月的兩萬日圓，就決定要去一趟 Rapport。

一推開沉重的木門，酒吧老闆才看到我，第一句話就是「我還以為是誰呢？你的表情變得很開朗喔！」

「我好像知道答案了。」

我在吧檯坐了下來，向酒吧老闆點了啤酒。

店裡已經坐著兩個看似中年的上班族。

雖然我覺得讓陌生人聽到會不好意思，但還是主動向酒吧老闆開口。

「上次你問了一個我回答不出來的問題。我的答案是，聽別人說話。真的很不可思議，我不過是配合對方的下巴動作和鸚鵡學舌，客戶就主動開口了。一開始，我無法理解發生什麼事，但同樣的情況一再發生，所以理由是什麼我也不再計較了。就連吸塵器這三個字都沒說的情況，客戶就主動說要買。」

酒吧老闆用力的擦著玻璃杯，大力點頭。

「你能發現這點，表示你應該很得心應手。大家都搞錯一件事，以為溝通就是自己和對方講話，其實這樣只做了一半。**除了講話，還要聽人講話。兩者具備，溝通才會成立。**」

沒錯，之前我總是拼命自顧自的說話，從來不曾專心聽對方說話，一次也沒有。

「還有會不會講話和跑步跑得快不快是一樣的道理。透過訓練，可以達到一定的水準沒錯，可是和人的個性也有關係，好壞會出現很大的差異。要傾聽別人說話，並不是什麼困難的事。煩惱不知如何溝通的人，只要從傾聽做起就好了。跑業務也是從溝通做起。如果推不動，就試著拉拉看，不會講話的話，就乖乖聽人家說話。呵呵呵。」

原來我以前做不到業績，都要歸咎本來就不擅溝通的弱點，不對，正確的說法是，我一直以為最大的問題只是我不擅長講話。

即使口才不好，還是可以順利溝通。只要好好聽人說話，就能建立溝通的橋樑。確認這件事情後，我才知道以前的作法都是錯的。

「我講的話讓你這麼受打擊嗎？」

酒吧老闆的聲音讓我猛然回神，這時才發現我竟然一手拿著玻璃杯，趴在櫃台。

「不是，我只是想到自己以前不知道都在幹什麼。別說這個了，溝通這方面我已經很清楚，可是，如果我遇到一句話都不講的客戶要怎麼辦？剛剛聽了你的話我才想到，成交的客戶都是主動開口的人。如果遇到不講話的人，氣氛會變得很尷尬，根本談不下去。」

即使店裡相當狹窄，聽我這麼說，酒吧老闆卻露出眺望遠方的表情，問我。

「你希望業績更好嗎？」

這不是明知故問。

「當然，賣愈多愈好。我一定要讓那些瞧不起我的傢伙，見識我的厲害！」

酒吧老闆重重的嘆了一口氣，盯著我的臉看了許久，最後下定決心的說話了。

「再往前，接下來要進入有點危險的領域，既然你都這麼說了，我就教你吧！配合對方的下巴動作和鸚鵡學舌你都會了。現在要再加上手勢和視線。」

手勢？酒吧老闆像一個笑咪咪的業務員，伸出食指向我指來。

我也戰戰兢兢的伸出食指向酒吧老闆指去。

而且還試著小聲的加了一句「咚」，沒想到酒吧老闆卻閉上眼搖搖頭。

「你搞錯了，這動作不用模仿。剛才的玩笑就別管了，一個人就算不動嘴巴說話，手和眼睛總會動吧？你只要模仿這兩個部位的動作。只要這麼做，不愛講話的人也會開口，本來就愛講話的人，會變得很聒噪，講個不停。」

依照上次的經驗，如果我又拿「對銷售有幫助嗎？」「為什麼會出現這樣的變化？」等問題煩他，他一定會不高興，又要對我碎碎唸。

照著酒吧老闆的指導做了兩次，業績有進展也是事實。

就算不知道做了會發生什麼事，我只能試試這項新技巧。

我只能應聲說「好，我知道了，我會試試看」，一口飲盡剩下的蘇打威士忌。

酒吧老闆豎起大拇指，向我比個「讚」，同時眨眨眼。

這個人是看太多好萊塢的舊電影嗎？心裡才覺得鬆了口氣，卻馬上被他糾正：

「手勢！還有視線！」

隔天，我來到一個曾有新市鎮之稱的老社區拜訪。

現在的大樓都改用自動鎖，如果沒有預約，根本無法進入。

所以，打算利用拜訪來拓展新客源的話，社區是最理想的地點。

話雖如此，但是……。

第一間。

叮咚！

「哪位？」

「我是奈斯克林的杉橋！我專程向您介紹最新型的吸塵器！」

門喀啦一聲開了。從門內探出頭的是一位穿著圍裙、年約四十五歲的主婦。

她的右手斜斜往下擺，擋住只開一半的門。

我也試著把左手斜斜往下擺。

主婦的左手輕輕放在下巴上。

我把右手也放在自己的下巴上。

如果在沒有門也沒有牆壁的空間這麼做，我的姿勢看起來簡直和動漫公仔沒兩樣，只差沒發出「嘿嘿」的低沉笑聲。

主婦問：「請問有什麼事？」

「我想為您介紹敝公司銷售的美國製吸塵器。如果時間允許，請給我兩、三分鐘，讓我為府上做個簡單的清掃。」

主婦把雙手在胸前交叉，看我一眼把脖子往左傾，視線朝著右邊斜斜往上看。我也學她把雙手交叉，歪著脖子將視線往上，朝著和她一樣的方向。

「可是我早上已經打掃過了。」

她的回答和銷售手冊設定的一模一樣。

我依然雙手交叉，用背得一字不漏的答案回應。

「別這麼說，這是千載難逢的機會，太太如果您願意讓我替您清掃，您府上的吸塵器和敝公司的吸塵器，吸力的差異在哪裡，馬上一目瞭然！」

主婦嘴上說：「是嗎？」保持雙手交叉的姿勢，傾身向前，想把我腳下的吸塵器看得更清楚。

我也學她，嘴上說著「沒錯」，保持雙手交叉、身體往前傾的姿勢。

主婦面露猶豫說：「嗯，到底要不要呢……」，然後回頭確認家中的狀況。

我說「這樣的機會錯過就沒有了，請您讓我確認灰塵可以被吸得多乾淨就好，可以嗎？」也跟著回頭看了一眼。

從遠方看得到很美的山。

山……？

當我心想模倣到這種地步也太超過了，於是趕緊往前看，發現主婦用質疑的表情看著我。讓我當場不知道該怎麼繼續。

「呃、那個……。」

「你這個人是怎麼回事？真的很奇怪耶！」

主婦說完便用力關上門，砰一聲的鎖上門鍊。

我調整好心情，向第二間挑戰。

叮咚！

「我是奈斯克林的杉橋！」

這次應門的，是個睡眼惺忪的男大生。

「請問你母親在家嗎？」

「嗯，在啊！」

我學他一邊搔頭一邊說話。

「我是來介紹新型的吸塵器。可以請你母親來嗎？」

「媽，有人要介紹新的吸塵器！」
接著從裡面傳來有人講話的聲音。
「我現在沒空，你幫我聽啦！」
「我媽說什麼你聽到了吧！」
學生邊說邊把手插進毛衣的口袋。
「我知道了，那我就不浪費時間了。請問你家現在用的是哪一種吸塵器？」
「我又不打掃，怎麼會知道。」
「你不知道啊！這台是最新型的吸塵器。叫做水過濾，因為吸進來的髒東西都會囤積在這個裝了水的桶子裡，所以不需要集塵袋。」
我還加進了剛才在第一家忘記做的鸚鵡學舌。
「嗯……。」
學生張開雙手插腰。
我也張開雙手插腰。
「這是由業務用吸塵器改良而成的家庭用吸塵器，吸力是一般市面上的吸塵器無法相比的。而且是由習慣使用地毯和木地板的美國所製造。」

我沒看漏學生把雙手放在頭上，做了一個「輕佻」的動作。
於是，我也趕緊做了一個「輕佻」的動作，繼續說明。
「這台吸塵器對地毯和地板的吸力，日本製吸塵器根本比不上。你看看，這樣就吸起來了……。」
學生竟然抓住我的領子！
我也打算抓住學生的領子。這是怎麼回事？
「你是在耍我嗎？你從剛才就一直模仿我的動作，你是猴子嗎？」
我才覺得奇怪，他幹嘛對我大吼，沒想到下一秒他已經用力推著我的胸口，砰一聲關上大門。
做我們這一行的，被拒絕有如家常便飯。
我仍不氣餒，繼續挨家挨戶的跑業務。
但是，跑了第三家和第四家都被罵個狗血淋頭，到了第五家，連一句話都不讓我說，就直接把門關上了。
總覺得哪裡不對勁，我一定是搞錯了什麼。

如果照這樣子繼續跑業務，再努力也沒有成交的機會。
這還不是最糟糕的事。萬一我在社區被傳出負面的風評，對以後的工作是一大阻礙。
我決定結束上午的業務活動，等到晚上再去一趟 Rapport。
我一心只想著如何擺脫現狀，完全忘記要確認戶頭的餘額。

「本日公休」。Rapport 的門上，掛著一個寫著這四個大字的木牌。
我低著頭，用腳輕輕踢了門一下。
因為幾乎沒有客人上門，搞不好隨時都在公休。為什麼偏偏選在今天公休。
就算喝悶酒也好，如果不隨便找個地方喝兩杯，我完全撐不下去。
我抱著這個念頭在路上閒晃時，腦中靈光一閃，從這裡走到優子上班的酒店 Chunk Up 不用五分鐘。
我先到便利商店的ＡＴＭ領出僅有的財產兩萬日圓，就直接往 Chunk Up 衝了。

到了入口，我邊喘邊說：「我想指名優子小姐坐檯！」酒店少爺露出「這個人是不是有毛病？」的眼神，然後請我在沙發入座。

等到我用送過來的濕巾擦擦臉，喘口氣，才靜下心來想起剛剛的舉動，不禁臉色發白。

我仔細算了一下，這是我第四次上酒店。但自己來還是第一次。指名小姐坐檯這種事，應該是有錢人的特權吧！

更重要的是，我根本不清楚這間酒店的消費。

當我抱著頭，被自己的舉動嚇到不知所措時，耳邊傳來熟悉的聲音。

「你怎麼啦？發生什麼事了嗎？」

是優子。拯救我的女神終於出現了。

我像是抓到救命繩索一樣，把昨晚酒吧老闆教我的技巧，還有今天發生的事，全和優子說。優子聽完後，微微皺眉的說。

「事情有點麻煩。我只能在這裡停留十分鐘。」

「什麼，十分鐘？這麼短？那妳什麼也沒辦法教我啊……。」

「我好歹也是店裡的第一名，其他指名要我坐檯的客人還有五位。等一下我不在，會有人幫我代班。」

「代班？」

「酒店的制度就是這樣。你不知道嗎？」

我又沒指名過，怎麼可能知道這種事。這裡果然不是我該來的地方。我抱著頭，悶悶不樂起來。

優子無視我的反應，手腳俐落的調了一杯調酒，告訴我。

「我心裡大概有點底。你該不會從頭到尾模仿對方的動作吧？那樣做太明顯了，對方當然會生氣。」

「是這樣嗎？」

「是啊！人的動作有九成是無意識。就算對方一開始沒發現你在模仿他，但是他看久了，最後還是會發覺你的動作，就是他無意識的動作。這樣你當然會穿幫。」

「那我該怎麼做？」

「**重點是動作要做得小一點**。我和少爺交待，請他幫你找一個配合你坐在正對面的小姐過來，你就把她當作練習對象。要是你看到對方雙手交叉，你只要雙手重疊就好，如果對方翹腳，你就讓兩隻腳稍微交叉就好。」

「這麼做會有效果嗎？」

「如果百分之百模仿對方的動作，結果一定很糟糕。對方保證對你發脾氣。你回想一下客戶和自己的互動。是不是很像在演爆笑短劇？哈哈哈。」

她說的沒錯。業務員怎麼可能在介紹產品的時候雙手交叉，不論怎麼看都很奇怪。

「不好意思，我覺得好好笑。對了，我還有壓箱的必殺技。」

正當優子還想繼續往下說的時候，少爺出聲詢問：「優子小姐妳好了嗎？」

不會吧！竟然在這節骨眼上！

看我發愣，優子馬上在我耳邊說：「抱歉，接下來就留到明天。十一點吉祥寺的星巴克見。」

說完，她就迅速轉檯了。

雖然滿腦子都是優子說的「必殺技」，但起碼我已經明白自己失敗的原因，也算有收穫。

我一個人被留在這裡，不知道該怎麼做才好。雖然我到處東張西望，卻看不到像我一樣落單的客人。

正在我覺得坐立難安時，傳來說話的聲音。

「你好，我是春菜。我可以坐在這裡嗎？」

代班的小組，邊說邊在我對面的位子坐下來。那次青柳的慶功宴，她就坐在我旁邊。

即使第二次見面，我還是覺得她比優子漂亮多了，是個標準的美女。

她的身材穠纖合度，皮膚雪白，又有一雙水汪汪的大眼睛。

她真的是我心目中的女神。

光是用眼睛欣賞就覺得好幸福。

好險今天有來。

別再做夢了。不要忘記我是來練習的。

我除了回答「好啊！沒問題。」也馬上觀察春菜的手勢。

她的鎖骨為什麼可以這麼美？

不會過大，也不會太小的胸部。

還有手臂的線條……。

不行、不行，要注意看手勢。

春菜把雙腿併攏，像模特兒一樣把身體稍微往前傾。

我突然懂了。如果我原封不動的重現這個動作，看起來一定很像穿著西裝的人妖。

我將雙腿併攏，只有膝蓋稍微往前傾。

其次是手勢。春菜把我的酒杯拿到自己的手邊。

雖然我沒有東西可拿，我還是稍微做了把酒杯拿過來的動作。

春菜兩手拿著燒酒瓶，把我的酒杯裝滿。

我也想像自己用兩手拿著一個小酒瓶，不明顯的做了倒酒的動作。

春菜幫我把酒杯放在杯墊上。

我也低調的做了一個把什麼東西放在上面的動作。

我抬頭一看，發現春菜目不轉睛的看著我，然後對我說。

「你為什麼一句話也不說？」

好險。原本以為連這麼小的動作也被識破，害我好緊張。

「沒有啦！那個……。」

「你和山崎部長還有青柳先生都是同公司吧？你上次也來過。」

「妳還記得我啊？」

「是啊！因為不會有人來酒店，還露出那麼不耐煩的表情。」

我真是個傻瓜。只有短短一瞬間，竟然還猜想她是不是對我懷有好感。

我根本忘了還有更重要的事要做，就是觀察她的手勢！

春菜邊嘆氣，邊露出沉思的表情。

用簡化版完成模仿任務的我，看起來很像鹹蛋超人在發射激光。

但是，簡化到這種程度的話，就不會引起疑竇了。

「優子真的很厲害。坐在你旁邊的人明明是我，但你指名的卻是優子。」

「這個嘛⋯其實我沒有特別⋯⋯。」

和優子比起來，春菜更是我喜歡的類型，但是我該怎麼告訴她⋯⋯。

「沒關係，你別放在心上。我的排名一直是第二名。不論我再怎麼努力，永遠贏不了優子。仔細想想後，我知道我和她的差別是什麼了。就是，她很希望讓客人得到快樂。」

春菜往這個方向解釋，未免也太好心了。

我突然有一股衝動，好想把下巴和鸚鵡學舌的絕招，通通告訴春菜。

當然我不能說，所以我問了一個無傷大雅的問題。

「春菜小姐難道妳沒有想讓客人開心嗎？」

「我只是因為這裡的時薪高才來上班。自從我爸的生意失敗，我的學費都是靠自己賺的。」

這、這是多麼堅強的女性啊！我再也按捺不住了。好想向她告白⋯⋯。不對，起碼把下巴的技巧告訴她吧！

春菜朝著右邊斜斜低頭。

啊、就是現在！

我也急忙斜斜的往右低頭。接著，春菜的一句話把我推入了絕望的深淵。

「每個客人在我的眼中，不過是一群色狼……。」

所以……，我也是色狼嗎？

春菜被叫走後，優子又回來了。

看到我直盯著斜右下方的優子對我這麼說。

「你怎麼低著頭，好像很失望。我在其他桌看到了喔！你做得很不錯嘛。只要模仿的動作很小就沒問題了。」

「是嗎？」

雖然我沒有開口告白，卻有一種被甩的感覺，所以就算得到優子的稱讚，還是開心不起來。

「對了，時間也差不多了。明天我再把我的必殺技傳授給你喔！」

「什麼？已經結束了？我明明指名妳坐檯，可是妳幾乎都不在。」

「呵呵，因為我是第一名呀！」

露出滿面笑容的優子，伸手遞過來的帳單上寫著「一萬兩千日圓」。

收費這麼貴，而且還沒聽到必殺技。

不過，好險手邊的錢還夠付帳。

在公司開完早會，我準時在上午十一點抵達星巴克，優子對我提議「今天一起吃午餐。」

唉！該來的總是要來嗎？我目前所有的財產只有八千日圓。

我本來打算靠御飯糰和牛丼撐到下次的發薪日。

當我為難著不知如何拒絕時，優子卻說，為了謝謝我昨天的指名，今天要回請我吃飯當作謝禮。

我原本緊繃的心情瞬間完全放鬆，跟著優子走進了一間義大利餐廳。

我也發現了一件事。就是春菜認為優子會成為第一名的理由，其實，我覺得她說的也不是完全沒有道理。

點好餐後，優子擺出的端正姿勢，對我說。

「我們開始練習吧！」

「好、好的。可是必殺技……。」

「我當然會告訴你。因為練習的時候也會用到必殺技。我的必殺技，就是看到**對方喝水或喝茶的時候，也跟著喝**。當然酒也包含在內。」

「什麼，只有這樣？」

優子露出一副「這樣你還不懂」的表情。

「這就是我能成為第一名的理由。如果想成為第一名，光靠指名人數和花更多時間工作是不夠的。最重要的是，我得抓住願意付大錢的客人。為了達到這點，你猜我做了什麼？」

「喝酒嗎？」

「是啊！假設有好幾個客人一起來，我會鎖定其中一位看起來最有錢的客人，看他喝酒的時候我也跟著喝。像上次杉橋先生你們公司一群人來，我的目標就是山崎部長或青柳先生。如果我發現其他桌也有看起來很有錢的客人，我喝酒的時機就不是配合眼前的客人，而是和離我稍微有點距離的有錢客人同步。我這麼做，才有出手大方的客戶不斷指名要我坐檯。」

「這是哪招？應該算是超能力了吧？」

還可以得到非同桌客人指名，這實在太令人難以置信了。

「是啊！我一開始也不敢相信。你說那個酒吧老闆告訴你『要進入有點危險的領域』，我想我明白他的意思。」

之後，我照著優子的指導，練習配合她喝水和進食的正確時機。

根據優子的說法，標準的作法不是完全同步，而是要晚一步，這樣看起來比較自然。等到雙方的波長變得合拍，就算不必刻意配合，雙方也會在同一個時間點喝水。

喝著餐後的咖啡，我向優子請教和對方視線接觸的技巧。

「酒吧老闆也說視線要和對方接觸，但是我不是很清楚該怎麼做。」

「我想**視線的接觸，應該要和沉默配套吧！**」

「妳說沉默嗎？」

「我想這招本來就是專為不講話的客戶設計的吧？我偶爾也會用。不講話的客人，其實也不是盯著我不講話，而是看其他地方。所以，我察覺對方不開口的時候，**我也不會沒話找話講，而是跟著對方的視線，看他看哪裡，我就跟著看。**」

「就算對方保持沉默，只要和對方看著同一個方向，好像就不會覺得尷尬了。」

「是啊！對了，你今天也要去跑業務吧？**對方站著的時候，你最好注意一下他的重心，你也跟著把重心放在同一邊。**」

「重心？什麼意思？」

「站著的時候，不是會用右腳或左腳撐住全身的重量嗎？你就配合對方，看看對方是用左腳還是右腳支撐。因為是站著講話，與其冒險模仿對方的動作，和對方採取一樣的重心還比較有效。」

「我知道了。我會試試看。」

「那你加油吧！」

我目送快步走出店門的優子，一邊在腦中複習著今天的「功課」。

時間是下午兩點。擔心不好的傳聞已經在社區傳開，所以我刻意避開昨天去的社區，轉戰其他社區。

花了兩天時間練習的效果實在好得沒話說。有這效果加持，之前已經學會的下巴和鸚鵡學舌，使用起來也更加得心應手。

第一家的水內太太，我登門拜訪時，她和朋友一起吃完午餐才回到家。

我在玄關和她交談時，也試著配合她輪流把重心左右移動。結果得到她的允許「好吧！你先進來清掃看看。我會看看性能怎麼樣再決定。」

我清掃完畢後，水內太太端了一杯茶給我。

當然，我也是看準了水內太太的動作「見機喝茶」。

在不被發現的情況，我也低調的做了和她一樣的手勢。

最後下決定的時候，我也和猶豫不決、沉默不語的水內太太看著同一個方向。

雖然我想要再補充幾句話，也很擔心如果聽到的答案是NO，所以緊張到心臟都快要跳出來，但我還是盡可能保持鎮定，耐心等待水內太太的決定。

最後，我終於從水內太太的口中，聽到期待已久的一句話。

「功能既然這麼好，我就買吧！」奇蹟出現了。

她說同一個社區的網球球友剛好在找吸塵器，所以要幫我介紹。

我抱著天底下怎麼會有這種好事的心情，打鐵趁熱的拜訪水內太太的朋友，沒想到她除了幫我介紹谷本太太，還有一位宮崎太太。

結果，這兩位都對吸塵器的功能讚不絕口，每人各買了一台。

Oh My God！

我一直以為「高興得飛上天」這句話，是用來表現文學作品的修辭，沒想到，我現在真的覺得要飛上天了。

光是一個下午就賣出三台，就連王牌業務員青柳，也辦不到吧！

說不定我已經掌握做業務的訣竅了。

照這種情況發展，搞不好我能取代青柳，成為王牌業務員呢！

解說

「同步」技巧，以模仿動作來拓展「共鳴範圍」

不可思議的事情又發生了。為什麼模仿別人的動作，對方就願意買下昂貴的吸塵器呢？

NLP的課程中，講師首先指導學員的，就是模仿對方動作的技巧。我自己以前也認為「如果這樣就可以讓對方開口，那各位都不必那麼辛苦了」，但是效果卻出乎意料的驚人。

將目前為止的解說做一個總整理的話，可以得到「**模仿動作**」＝「**肢體語言同步**」的結論。**自己的動作要配合對方的動作**。

為什麼做出和對方一樣的動作，就容易得到共鳴？

例如，我們在聯誼會和第一次見面的人聊天，發現「和自己同鄉，音樂的品味也差不多」，很容易馬上和對方打成一片。原因不只是雙方具備共通點，能讓對方感到「這個人和我很相似」信賴感，也是重要的原因。

「喜歡和自己相似的人」，是我們遺傳基因的機制之一。「相似」不一定意味著同樣的興趣或出身地。語言以外的部分，也會因為「很像」而贏得對方的好感。

擅長溝通的人，即使缺乏出身地或興趣等共通話題，也可以在短時間和對方營造良好關係。

尤其是身體的運用若合拍，更容易拉近兩人的距離。因為身體的運用方式相近，所以能讓對方得到安全感。

挺直背脊的人，喜歡和自己一樣抬頭挺胸的人。駝背的人，會不自覺的把駝背的人當作自己人。所以**採取和對方一樣的姿勢，可以拓展共鳴範圍**。

但模仿對方的動作還是不能做得太過明顯，以免被對方發現。

初學者很容易在模仿對方手勢時，被人識破「那個人在幹嘛，好奇怪喔！」「他怎麼在學我？」反而弄巧成拙，引起對方的懷疑。

原封不動的手勢模仿，最好不要嘗試。

進行同步時，就像優子提醒的，**「重點是動作要做得小一點」**。請各位想像將對方的動作簡化後的模樣，做得低調一點。

如果覺得難度太高，建議不妨從姿勢等手勢以外的部分模仿。

「你今天也要去跑業務吧？對方站著的時候，你最好注意一下他的重心，你也跟著把重心放在同一邊。」

正如優子所言，**採取和對方相同的重心，可以達到非常好的效果**。

講話時身體總是傾向某一邊的人，其實是不自覺的喜歡這個動作，所以才會這麼做。所以你也採取同樣的姿勢聽他說話，就能投其所好。

光是做到「和對方同時喝茶」，應該能體會到波長合拍的驚人效果。

我想很多人都會煩惱說話時，「視線」該往哪看。

有人會直盯著交談的對象，也有人的眼神會游離不定。其中，有些人不自然的程度已經嚴重到造成對方的困擾。這時候，請各位想想優子的話。

「不講話的客人，其實也不是盯著我不講話，而是看其他地方。所以，我察覺對方不開口的時候，我也不會沒話找話講，而是跟著對方的視線，看他看哪裡，我就跟著看。」

這招，就是**「視線」的同步**。

說話的時候，我們的眼睛會往各種方向移動。聽對方說話時，如果和對方看著同個方向，能幫助對方心情放鬆，營造容易打開話匣子的氣氛。

只要記住這個原則，就不會害怕沉默了。

對方沉默不語時，與其一直凝視對方，建議和對方的視線保持同一方向，邊看邊等對方開口。一段時間過後，兩個人的波長就會變得契合。

對方從讓人等待的壓力解脫後，才會慢慢彙整自己的想法。當然，急著對對方說話，也絕對NG。

手勢、姿勢、重心和視線。

「肢體語言的同步」我也看過不少，無論使用哪一種，都要仔細觀察對方的動作。

保持高度的關注，觀察入微。

世茂 出版集團
世茂愛閱讀
腐女的BL日本語
精選五十句漫畫台詞
解析人體與語句構造
五十音
激文法
詞類變化
音便規則
肉感單字
養眼例句
宅腐福利社 /著
台大日語系碩士 嚴守潔 /審訂
智富出版/定價300元

能做到這一點，是成為溝通高手的不二法門。

接下來我們來看看「傾聽技巧」更上一層樓，一帆風順的杉橋。「傾聽技巧」為他帶來許多驚人的效果。

在下一章，自以為「已經懂做業務」的杉橋，態度既將產生轉變。

第4堂

無聲勝有聲

——運用「沉默」，引導對方說出真心話

在只看重實力的公司上班，對缺乏實力的人來說宛如置身地獄，對有實力的人來說就是天堂。

為什麼我會等到現在才發現？

目前為止，我一直過著與人生勝利組一點邊都沾不上的日子。或許在不知不覺，我的想法已經滲透了「人生敗犬」的成分。

我早就連可以成為勝利組的想法都放棄了。

奈斯克林對業績掛零的我而言是地獄。每天都是痛苦的折磨。

負債有增無減，我的未來只有四個字「前途無亮」。

現在想起來，我不禁感慨，業績做得好，就能搭上天堂直達車，機會明明曾向我招手，但我就是視而不見。

大概是早已放棄希望，心想「反正我本來就不是做業務的料。」

沒想到我現在創下亮麗的銷售數字，在公司的待遇猶如天堂。

和優子共進午餐幾個星期後，我只靠著配合對方的下巴動作、鸚鵡學舌，搭配手勢和視線的同步技巧，客戶就主動要買。
銷售工作讓我開始覺得有趣，這也是我第一次喜歡業務的工作。我每天過得充實又快樂，全心投入工作，把酒吧老闆和優子都忘得一乾二淨。
努力的結果是，我現在在多摩分公司，業績已經晉升到第二名。第二名到第六名的比數相當激烈，成交件數僅有一、兩件之差。業績遙遙領先的青柳也身兼全國冠軍，所以只要以逼近青柳的業績為目標，想登上全國第二名的位置也並非難事。
總是讓我淪為笑柄的周末會議，現在變成接受眾人敬仰的「表揚大會」。
山崎部長如此訓示：「杉橋的實力終於爆發了。各位也要向他看齊。」
完全想像不到他和之前把我罵得一文不值「不成材」、「學不會就是學不會」的人是同一個。
這就是所謂的翻臉如翻書一樣快吧！
當家王牌青柳也把我的大躍進當作自己的功勞一樣，在眾人面前大言不慚「都是我慧眼識英雄。我當初認識他時就知道他有這個實力了。」
換個角度想，也算是拐彎抹角的認同我。

向我請教如何創造銷售佳績的同事也出現了。

連之前對我嗤之以鼻的傢伙，也厚臉皮的跑來問我。

我告訴他們：「秘訣就是，跑到鞋底磨平、按電鈴按到手脫皮，一直拜訪對方，直到他買為止。其實我只是抱著理所當然的態度，做這些該做的事。」

明明我是怕麻煩才隨便敷衍兩句，有些人還拼命抄筆記。我心裡竊笑，「靠這些老招怎麼可能有業績？這些傢伙真笨。」

終於到了期待已久的發薪日。我的戶頭裡，匯進了六十二萬日圓的鉅款。

打從出社會以來，我實領到的薪水從來不曾超過二十五萬日圓。

這個月的薪水，對我而言是令人目眩神迷、作夢也想不到的大數目。即使扣掉每個月二十萬日圓的借款，還剩下四十萬日圓。

保持這種步調銷售下去的話，下個月的薪水應該還會增加。

長期處於烏雲罩頂的我，終於撥雲見日了。

Oh My God！

我存在的意義，就是為了現在光榮的一刻！
還到谷底的人生，終於鹹魚翻身了！
我已經掌握做業務的訣竅！
不論遇到哪種客戶，根本沒在怕。
現在的我所向無敵。
這個世上，只有把東西賣出去的人才是贏家。以後，我再也不聽任何人的訓話了。
長久以來，對我總是不屑一顧的傢伙們！
現在知道我的實力，怕了吧！

「不好意思，請問你好了嗎？」
當我就像在世界杯冠軍賽，射門得到關鍵性一分的足球選手一樣，在ATM前高舉雙手，閉上雙眼時，居然有人沒禮貌的出聲打斷我。
我回頭一看，對方是個矮小的白髮老太婆。
真是的，我的好心情都被破壞了。

我拿著領出來的三萬日圓，就直奔 Rapport 了。

學到模仿手勢和視線的隔天，我馬上現學現賣，結果全軍覆沒，因為 Rapport 公休，只好向優子求救，之後，業績急速成長……。當我向酒吧老闆一五一十的報告完畢，酒吧老闆說了「呵呵呵。那也算是一次很好的經驗吧！」，便哈哈大笑。他笑得也未免太誇張了。

「什麼很好的經驗，一點也不好。你知道我吃了多少苦嗎？」

「但是，現在的轉變讓你很滿意吧？」

「可以這樣說啦！我從來沒想過業績會有這麼好的一天。」

「不只這樣，前途也變得一片光明吧？」

「應該吧！如果繼續保持，說不定真的有機會超越青柳。」

「你不覺得如果剛開始沒有嚐到失敗的滋味，就不會有現在的成績嗎？」

酒吧老闆的話聽起來雖然很像歪理，但我也無法否定……。

「或許是這樣吧！」

「每個人遇到挫折不是沮喪就是嘆氣，看來你的人生不曾失敗過嘛。」

「沒這麼回事。我的人生就是一連串的失敗，我想，只有人生超級成功的人，才不會失敗吧！」

酒吧老闆把兩手撐在櫃台，直視著我的眼睛對我說。

「為什麼你的人生會是一連串的失敗？」

為什麼會是一連串的失敗……。我根本沒想過這個問題。為什麼？為什麼我的人生會是一連串的失敗呢？

「我沒有什麼特殊的才華，外表長得也很普通，運動神經也不發達，對自己也沒有自信……。可是現在吸塵器賣得好，所以對自己稍微有點信心了。」

「看吧！你已經發現了嘛。」

我已經發現了？酒吧老闆在說什麼啊？

不行，我還想不出來！

「對、對不起，我還是毫無頭緒。請你直接告訴我吧！」

「真可惜，就差那麼一點。算了，我告訴你。人生沒有失敗，只有回饋。」

「你這麼說，更讓我聽不懂了……。」

「失敗和成功就好像黑白棋，是一體兩面的存在。如果失敗是黑色，成功就是白色。」

「我懂了！只要把黑白顛倒過來就好了！」

「沒錯。你會面臨一連串的失敗，是因為你任由自己失敗，沒想過要扭轉局面，所以才會一直失敗下去。回饋，意思比較接近發現或求知欲。如果沒有失敗，就不會有發現，也不會激發出求知欲。改善從失敗的缺失或應用學到的知識，可以讓人成長。但沒有發現也沒有學習的話，人就不會成長。沒有失敗的人生，等於永遠無法成長。」

我聽了這些話，感覺累積在心底的陳年污垢，通通一掃而空。

說起來是這樣沒錯，以前我只要一把事情搞砸，總是拼命替自己找藉口，例如，「都是對方不好。」「本來就不適合自己。」「運氣太差。」甚至連「天氣不好。」都可以是藉口。從來沒想過要從失敗中學到教訓。

造就一連串失敗的人生。

Rapport的老闆真是不簡單。說不定我真的運氣好，遇上了只有在潛能開發書看過的人生導師。看著一臉得意，一副「我說得很有道理吧！」的酒吧老闆，我不小心脫口而出。

「導師……。」

「唉！反正到了我這個年紀，總會想找出自己失敗的原因。我有時候還會在街上搭訕年輕美眉。就算失敗了，還是挺有樂趣的。呵呵呵。」

這把年紀了還搭訕……。而且還找年輕美眉……。虧我還把他當成導師……。

看我不知做何反應，酒吧老闆默默啜飲著摻了熱水稀釋的威士忌。處身在這麼狹小的空間，要我和酒吧老闆兩人一直沉默以對，實在很尷尬。

這個時候我應該講個笑話來緩和氣氛嗎？還是我剛才不小心叫他導師，所以惹他不高興？就算為了這個原因生氣，應該也不至於太嚴重。

酒吧老闆一直斜斜的抬頭往上看。是在想事情嗎？氣氛好尷尬。說點什麼打破僵局好了……。

「那個…我上次看到一個節目……。」

「你講錯話了！嘿嘿嘿。」

咦？什麼？哪裡講錯了？

「那個告訴你不少絕招的酒店小姐叫啥來著？小百合？惠利？靜香？」

「是優子。」

「對啦！是滿里奈。」

「不是，是優子。」

「反正叫什麼名字都沒差啦！她好像有告訴過你：『要配合對方沉默和視線』，看樣子這個女孩子蠻不簡單的。有句話說沉默是金。大家對這句話的解讀是沒必要的話就不要講，但我的定義也包括要仔細聽人說話。剛才我不講話的這段時間，你心裡有什麼想法？」

「心裡出現很多揣測。以為我講話得罪你了，覺得你在生氣，是不是該說點什麼。」

「所以你想隨便講點什麼來化解僵局。這麼做大錯特錯，應該說根本沒必要。」

如果真是這樣，我到現在到底講了幾千次、幾萬次的廢話。

「為什麼？」

「我們在保持沉默的時候，就是為了思考接下來要講什麼。尤其是本來話就少的人，更需要多一點的時間，才能把想法用話語表達出來。打斷沉默，等於阻礙對方把想法轉換成言語。」

「還有一點。我們在下重要決定，或說出重要的事情前，不都是保持沉默。你心裡有想到什麼嗎？」

有！

「那晚，我像失心瘋一樣跑到 Chunk Up，向春菜告白……不對，我在猶豫要不要把下巴的事情告訴她的時候，一直不發一語！」

「啊！原來是這樣啊！」

我沉浸在甜中帶酸的心情，嘴角還帶著笑意，卻被酒吧老闆狠狠潑了一盆冷水。

「我不知道你的腦子現在出現什麼畫面啦！但你應該有更重要的事要做吧？」

什麼？

是工作嗎？

「我確實也有過這種經驗。如果我在客戶最後考慮要不要買的時候，多講一點功能的介紹什麼的，最後的答覆都是『我看還是算了。』我一直覺得很納悶，完全想不到是為什麼，現在我知道了。原來是這個原因！原來是我在客戶自己慢慢考慮的時候打擾到他，引起他的反感也說不定……。」

酒吧老闆點了點頭。

「上酒店很開心，所以時間過得特別快。每次我都覺得小姐怎麼一下子就來問『時間要不要延長？』。我在考慮要不要再加一節的時候，業績不好的小姐一定會多講沒必要的話。像是『拜託嘛…再多坐一會嘛…』。」

確實是這樣……。

「業績好的小姐只會趁機擺出可愛的表情，等我決定。如果你也是酒店的尋芳客，不，既然是業務員，應該知道我會留下來繼續坐哪邊小姐的檯吧？」

酒吧老闆居然用酒店來舉例，搞不好優子用的也是這招，所以才會了解沉默的重要性。

只要我克服最後是否成交的恐懼，耐著性子等待客戶做出決定，說不定業績會更上一層樓，讓我接到手軟。

目前為止，我遇到的情況幾乎都是客戶最後主動說「我要買。」在最後關頭猶豫不決的客戶，真正成交的機率非常低。

既然知道只要保持沉默就有希望成交，說不定我有機會可以追上王牌青柳呢！全國冠軍的位置離我愈來愈近了。

酒吧老闆用餘光瞄到我鬥志全開的模樣，開口問我。

「你在工作上最常遇到什麼樣的客戶？」

「幾乎都是家庭主婦，偶爾也會遇到老人家。我發現老人家考慮的時間特別久，如果忍不住插嘴的話，通常都不會成交。」

「原來如此……。如果要解決這問題，還有個辦法。**你說話的速度要配合對方的速度**。老人家通常會放慢講話的速度，遇到這種情況時，你也跟著慢慢講。**如果連聲音的高低和音調也搭配得上，鐵定效果倍增**。方法很簡單，如果對方說話的音調高，你也提高音調；音調低，就放低音調。」

「喔！我從來沒想過客戶說話的速度快慢和聲音高低的問題。」

「嗯，一般人應該是不會去注意。但很懂得和人溝通的高手，一定會不自覺的配合對方。不善溝通的人，根本不管對方的步調，講話的速度不是太快，就是太慢。你看看那些業績很差的業務員，不就是說話速度太快的標準範本？」

酒吧老闆的話，讓我想起不好的回憶。我在業績還掛蛋的時候，常常一心只想把東西賣出去，常不自覺加快講話速度。等到業績大有進步時，只要遇到有機會購買的客戶，在焦慮的驅使，我又會忍不住講個不停。

「我知道了，我明天就開始試試看！」

「一開始先從鸚鵡學舌吧！」

隔天我的表現，達到前所未有的超高水準。

我遇到一個喜歡棒球的歐巴桑，聽她一直聊著原辰教練（日本巨人隊的原辰德教練）的挫折和過往的英雄事蹟。

她先從教練在高中時代就是個明星球員說起，一路聊到現役時代的豐功偉業和苦惱，在母公司結束了第一階段的總教練生涯。之後潛沉了一段時間，終於再度接下總教練一職，創下了三連霸的佳績。

別說棒球了，我對任何運動根本一點興趣也沒有，所以我配合她下巴的動作隨便應付一下，也看準了時間點一起喝茶。

對方說話的速度相當快，所以我也試著加快鸚鵡學舌的速度。這位歐巴桑好像誤以為我也是巨人隊的球迷，最後說：「你和我很聊得來呢！」就下單了。

已婚的卡車司機大哥，一開始對我的態度很粗魯。即使和我面對面的坐在沙發，也自顧自的一直看電視。在我堅守沉默、不發一語的「攻勢」下，他居然主動問：「對了，你是來做什麼的？」

我也不回答這個問題，而是轉移話題誇獎他：「停在外面的卡車是您的嗎？看起來花了一番苦心呢！」

結果這位大哥露出心花怒放的表情，開始和我聊起他的人生甘苦。包括他對改裝的堅持、一個人聽著演歌，飆速在深夜的高速公路之哀愁、對工作的驕傲、如果不出車載貨，會造成多少人的不便等等。

我對車子一點興趣也沒有，也從來沒想過要投身運輸業，所以從頭到尾都用「鸚鵡學舌」蒙混過關。

但這位大哥的心情卻好到不行，他說：「我好久沒和遇到這麼讓我暢所欲言的傢伙了。」最後也買了吸塵器。

年過五十的大嬸，打開話匣子和我大聊社交舞，聊到興致大發時，甚至想拉著我和她共舞一曲。

年約三十五歲的全職主婦，很想去外面工作，可是先生的收入很高，所以不准她出去上班。聽貴婦抱怨這種事，我只覺得她實在是人在福中不知福。

只要她願意買吸塵器，不論要我聽她說什麼都沒差。

依照酒吧老闆教我的絕招，運用和優子練習的技巧，每個和我約好的客戶，都會講到超時，但最後都會下單買吸塵器。

一開始我不知道對方為什麼會買，只覺得一頭霧水，但現在已經覺得無所謂了。

為什麼咧？因為我是個業務員啊！

我的工作就是賣吸塵器，抽佣金賺取薪水，所以只要吸塵器賣得出去就萬事ＯＫ。

畢竟我活在一個業績決定一切的世界。

那天我創下自己單日的最高紀錄。眼看著我就要達成全國第二名的成績了。我帶著絕佳的心情回到公司，才到公司門口就聽到山崎部長在罵人。

「你怎麼學也學不會？」

被他罵得狗血淋頭的，是上個月才進公司的瘦皮猴。

他的身高有一八〇公分，體型卻瘦得像根竹竿，西裝穿在他身上顯得鬆鬆垮垮。

他姓宮本，青柳的一句：「瘦得和猴子一樣。」所以全公司的人都叫他瘦皮猴。

就算生成這副德行，只要業績做得好，依舊能成為人才，但是他的業績正如同他的外表，毫無力量。

弱不禁風的外型，再加上動不動就

緊張的行為，看起來就是絕佳的出氣筒，難怪會被大家欺負。

他的處境是我以前的翻版。

東西賣不出去的業務員根本不被當人看，只要賣得出去，就會被當成神。這個世界，實力就是一切、結果就是一切。弱者只有被淘汰的命運。淪為獅子的盤中飧，是斑馬逃避不了的宿命。

想要生存的人，只有讓自己成為獅子。

我假裝沒看到山崎部長和瘦皮猴的互動，在電腦輸入今天的業績和客戶資料。

我可沒那個閒功夫去同情瘦皮猴。

本大爺為了當上獅子，已經在拼老命了。

有件事是等我做出了業績才知道，原來東西賣不出去的傢伙，會散發一股負面的氣場。

要是和那種傢伙扯上關係，就會被負面氣場拖下水。

完成所有的文書作業後，我一抬頭，不巧和回到斜前方座位的瘦皮猴四目相接。

我連忙把視線轉到電腦螢幕，但時機也未免太不巧了。

瘦皮猴主動對我開口。

「不好意思！我想請教杉崎先生，為什麼你的業績原本那麼差，現在卻可以做得這麼好呢？」

不要給我找麻煩啦！

回答他的時候，我仍看著螢幕。

「從失敗逐漸累積經驗。」

「說得也是……不好意思，請問你遇過哪些失敗呢？」

「就是每個人都可能會遇到的失敗。業務員會遭遇的挫折，不都差不多嗎？」

「說的也是，真是抱歉。」

這傢伙吞吞吐吐、有話不敢直說的樣子，實在讓我很受不了。

我愈來愈火大，不客氣的直接問他：「你找我什麼事？」

其實，我只是想用強硬一點的口吻讓他閉嘴，但瘦皮猴卻誤以為他終於得到開口的機會，開始聊起自己的事。

「不好意思，我今天有遇到一個有考慮要買的客戶……。」

「然後咧？最後收尾的時候搞砸了？」

「不是這樣。客戶是個超過七十歲的老太太。你也知道，我們公司的吸塵器雖然性能很強，但有十五公斤。我覺得對老人家來說太重了，所以沒辦法賣給她……真的很抱歉。」

聽到傻眼的我，怒氣終於爆發。

「你說得也太天真了吧！做業務的不就看數字！業績不就是一切嗎！我們得把吸塵器賣出去，才有薪水可拿。最重要的就是賣幾台，對方有沒有辦法用關我們什麼事！」

瘦皮猴被我罵得快要哭了，一句話也不說。

我明明罵得那麼大聲，同事卻假裝沒看到，形成一股很詭異的氣氛。

但我用餘光瞄到，山崎部長卻好像在品味什麼美食似的，頻頻大力點頭。

雖然我只想當個不沾鍋，不願意插手任何麻煩事，但也想藉機耍帥，所以忍不住說。

「好吧！你明天帶我去那個老太太家！」

瘦皮猴開心的對我點點頭。

老太太的家看起來舊歸舊，卻保養得非常好，是一間木造的獨棟建築。

我瞥了門牌一眼，確認上面寫的是「前田」。我對瘦皮猴說：

「聽好了，你等下可別多嘴，一句話也不要說。你從頭到尾只要保持安靜，看看我是怎麼賣的就好了。」

「好的，我知道了。」

瘦皮猴用發抖的聲音，不安的回答我。

我按下門鈴，有個白髮的老太太出來應門。

「哎呀……你又來啦！」

老太太看著瘦皮猴這麼說。

她說話的速度非常緩慢，聲調偏高。雖然她的關西腔總讓我感覺似曾相識，但是這點現在不重要。我在瘦皮猴開口前回答她。

「昨天……敝公司的新人打擾府上了。……我是瘦……不對，我是宮本的同事，敝姓杉橋。今天來是想為您重新介紹敝公司的吸塵器。」

我本來說話的速度很快，但現在卻刻意放慢到有點誇張的程度。

「哎呀……一點都沒有打擾……。我才是……讓他花了那麼多時間聽我講話，我還在想，我是不是對了宮本先生做了很過分的事。」

老太太把重心放在右上。我也模仿她的站姿，只是幅度縮小，並且稍微提高了聲調。

「因為機會難得……可以請您讓我們再清掃一次嗎？」

「這樣的話，不就連續兩天都麻煩你們了？你們也很忙，真的很不好意思……。」

我跟著她下巴的動作照做，做出完美的回應。

「哪裡哪裡……小事一樁……。」

我讓瘦皮猴完成清掃工作，專心應付老太太。

慢吞吞的語調雖然讓人想抓狂，但我還是努力集中精神，配合她的速度。

「這個家的歷史，已經……很久了吧？」

「是啊！已經蓋好超過六十年囉！聽說是戰爭結束後馬上蓋的。」

「戰爭結束後馬上蓋的啊！」

鸚鵡學舌對我來說已經是小Case了。不費力就能輕鬆辦到。

「我先生，六年前過世……。我先生的父親，財力還算雄厚。還有能力在戰爭結束後，什麼都很缺乏的時候，蓋一棟這麼氣派的房子。」

老太太的話，始終保持著這種調調，老實說我真的快睡著了。

過世的先生很仰慕父親，即使房子逐漸老朽，還是很珍惜的守護。據說先生的父親雖然是個成功的生意人，但做人很謙虛，所以備受大家的尊敬。老太太從大阪嫁過來雖然寂寞，但能住在這麼氣派的房子裡，還是覺得很高興。

我配合著她下巴的動作，搭配鸚鵡學舌，讓講話的速度和音調同步。

「兩個女兒說不想住在這麼舊的房子，一結婚就搬出去了。她們現在都住在公寓大樓。其實我也想過要不要過去和她們住。可是，還要麻煩女兒和女婿照顧我，住起來一定很不自在。」
「住起來很不自在。」
「女兒們出生的時候，家裡的氣氛好熱鬧，日本的景氣也很好。」
「景氣也很好呢！」
「像我這樣的老太婆，一個人住在這麼大的房子裡。也不是只有我這樣。現在的家庭，每個人都各奔東西，日本變成一個好寂寞的國家。是我們這一代讓國家變成這個樣子。我們都很拼命的在過日子。到底哪裡做錯了。」
「做錯了呢！」
我對老太太帶淚的傾訴是左耳進，右耳出，同時腦中想著其他的事。當然有些老人家的身體還很強健，但是對這個老太太而言，她應該提不動十五公斤的吸塵器。瘦皮猴會裹足不前的心理，我也不是不了解。
但是，一碼歸一碼，該做的生意還是要做。
能夠把冰塊賣給愛斯基摩人，才是一流的業務員……我以前曾經在某本書，讀到類似的話。如果能讓用不到的人買吸塵器，可以證明我真的是個一流的業務員。
瘦皮猴已經完成客廳的清掃，走過來坐在我的旁邊。

趁這傢伙講錯話前，我得趕緊做個結束才行。

我算準了時機，向老太太攤牌。

「前田太太，妳應該很希望家裡能隨時保持整潔吧！」

「是啊！我已經活到現在這把年紀了，也不知道還有多少日子了。」

「如果購買敝公司的吸塵器，應該能實現您的願望。您覺得怎麼樣？要不要下定決心，買一台用用看呢？」

「當然了，我一定會買。你們昨天和今天都來幫我清掃，而且還聽我說了這麼多話。」

前田太太很乾脆的說要買。

既然瘦皮猴都說有希望成交了，所以對現在的我而言，也不是什麼棘手的客戶。

我一邊在桌子底下擺出小小的勝利姿勢，一邊用下巴對瘦皮猴下了指示。

瘦皮猴不安的看著我，並從手提包裡拿出合約書。

他的手，微微的顫抖。

山崎部長愉快的聲音響遍了Chunk Up。

「這個月我們公司也創下亮眼的銷售成績。最大的功臣當然是堅守全國冠軍的青柳。不過！這個月也誕生一顆耀眼的新星。就是業績一飛衝天、漂亮奪得全國第二名的杉橋！接下來，讓我們為青柳和杉崎這兩位全國冠軍和第二名表示祝賀。乾杯！」

記得在Chunk Up的慶功宴上，青柳受人追捧，我被當作笑話的事，不過是前不久才發生的事。

這次不一樣的是，我可以和青柳平起平坐了。

「優子妳來坐青柳和杉橋中間。他們兩位都是我們公司的王牌，妳可別怠慢了！」

我才好整以暇的坐在沙發上，優子就在山崎部長的安排，坐在我和青柳中間。

春菜則坐在我的另一邊。

這種感覺怎麼會如此美妙啊！

被指定坐在桌子對面，那個我曾坐過的小圓凳上坐的是瘦皮猴。

就像以前的我一樣，做不到業績的傢伙沒有資格被當作客人。

業績現在長紅的我，正翹著腳抽菸呢！

優子一邊調配摻水的威士忌，一邊稱讚我。

「杉橋先生好厲害喔！我才在想你怎麼都沒和我連絡，結果居然爬到第二名。我之前就覺得杉橋先生一定辦得到的。」

「沒有啦！沒有啦！真的很厲害嗎？我想是我的努力終於得到回報了。」

當我正打算開始自我吹噓時，青柳插嘴了。

「畢竟他可是本大爺挖角過來的。如果沒達到這樣的成績，我就顏面無光了。」

聽到這句話，原本已經準備好菸灰缸和打火機，正打算替我點菸的春菜有反應了。

「真的嗎？原來杉橋先生是青柳先生帶入行的。真不愧是青柳先生！眼光就是不一樣。」

看到話題突然被轉移，我的心裡很不是滋味。這樣下去，我的春菜……不對，我的功勞不都全部被青柳的光環掩蓋了嗎？

「青柳帶我入行是事實，但進來以後，也得靠我自己的努力啊！」

太棒了，我終於向青柳反擊了！

優子微微點頭，充滿感慨的說了。

「說得也是。杉橋先生真的很努力。」

「有嗎？我真的很努力嗎？我現在真的是旺到不行，連作夢也會笑。我已經抓到做業務的竅門了。要成交真的很容易。看來，我成為全國冠軍也只是時間早晚的問題。」

說這句話的同時，我原本期待會得到類似「哇！好厲害。」的反應，沒想到卻和才喝了一口摻水威士忌，還沒入喉的青柳對上眼，他瞪著我的眼光，好像對獵物虎視眈眈的鱷魚。

慘了！

青柳就在我面前，我居然敢說什麼「成為全國冠軍也只是時間早晚的問題。」我就算想逞威風，這句話還是說得太超過了。優子用眼角瞥了我一眼，一邊把威士忌倒進玻璃杯裡一邊說。

「已經抓到竅門了啊！只是時間早晚的問題嗎？這樣不是很好。你以前有一陣子老是哭喪著臉呢！」

聽起來總覺得她的話裡帶刺。語氣和剛才那句「杉橋先生真的很努力」完全不一樣。

或許是春菜想緩和現場的氣氛，她巧妙的轉移話題。

「對了，這位是？為什麼你要坐在對面？」

呼……得救了。

「你說這傢伙？他是最近才進公司的瘦皮猴。完全拉不到業績。所以想坐沙發還早得很咧。」

瘦皮猴微微低下頭，啜了一口兌水威士忌。

春菜把頭貼近我的肩膀輕笑。

「哈哈，你說他叫瘦皮猴？真的好貼切。可是，杉橋先生不久前也是坐在那邊吧？那時候我剛好坐在你旁邊，所以記得很清楚。你一定很努力。」

妳說的沒錯。我的確是拼了。為了想辦法掩飾我對春菜的垂涎之意，我換邊翹腳。我向旁邊瞥了一眼，看到青柳開始和優子有說有笑。看樣子已經沒事了。

「反正幹我們這行，只要賣得出去就是神，賣不出去就是奴隸。前幾天，我還讓瘦皮猴原本搞不定的老太太，和我買了吸塵器。」

「老太太也會用杉橋先生你們公司的吸塵器啊！」

「會不會用還很難說。」

我的話才說完，原本和青柳談笑風生的優子，突然轉過頭來很激動的質問我。

「老太太？會不會用還很難說？你說清楚一點，這到底是怎麼回事？」

優子轉變的態度讓我有點被嚇到，但我還是告訴她了。

「啊？對方是個超過七十歲的老太太，一個人住。我們公司的吸塵器有十五公斤，所以我猜她有可能會因為太重，提不動……。」

優子的語氣變得更尖銳了。

「什麼？這樣你還賣給她？」

「那還用說嗎？我們可是靠數字決定一切的業務員。如果不像把冰塊賣給愛斯基摩人的業務員一樣，怎麼做得到業績。我賣給那個老太太是為了示範給這傢伙看。你覺得我的銷售技巧怎麼樣？應該學到不少訣竅吧？」

突然被點名的瘦皮猴，兩手握著玻璃杯驚慌的說。

「呃……業績好的人，果然做起業務的架勢就是不一樣。只是……。」

「只是什麼？」

「沒有……。」

瘦皮猴吞吞吐吐的低頭往下看，優子馬上接話了。

「他不敢講的話我來幫他講！明知道對方用不到，還是硬把這筆訂單接下來，這樣不太對吧？我可不是為了讓你這麼亂來，才一直幫你的！還有，你那是什麼態度！不過才做出點成績，馬上變得那麼跩。看起來真討人厭！」

這段話讓我聽了有點火大。

「什麼叫變得那麼跩，業績好變跩不行嗎？不然妳是要我怎樣？難道要我一輩子向人低聲下氣嗎？」

我才一說完，原本緊靠著我的春菜馬上退了一步。

「我雖然很想超越優子當上第一名，可是我也不會拼命向酒量差的客人勸酒，或硬拗手頭緊的客人延長節數。我本來以為杉橋先生是個老實的人。」

優子氣鼓鼓的板著一張臉說話了。

「你剛剛還說做業務員很容易吧！很快跌一大跤的人，我看過很多。你最好注意一下！」

瘦皮猴變得比平常更加緊張。

青柳小口小口的喝著威士忌，臉上露出微笑。

現在這種氣氛是怎樣？

為什麼在公司被當作神的我，得花大錢來聽人對我訓話。

我本來以為業績做起來了，春菜也會替我高興。

我現在覺得自己好像一個大笨蛋。

算了，別理這些傢伙了。

「夠了！你們根本不懂當個抽佣業務員有多麼辛苦！」

我從錢包裡抽出一萬日圓鈔票，丟在桌上就站起來了。

我低頭看著一臉吃驚的瘦皮猴，拿著公事包打算離開時，優子拉著我的西裝袖子，開口挽留我「等一下，杉橋先生！」

我看著前面直接甩掉她，朝著門口大步走去。

這時，我還聽到從背後傳來青柳的聲音：「別理他，一點也不會察言觀色的傢伙就隨他去吧！」

解說

克服「沉默恐慌症」，配合客戶說話速度和聲調

主角杉橋終於進入酒吧老闆說的「危險領域」了。

他目前的狀態，大概稱得上是「只懂得當技術來用，完全忽略重要的基本原則。」

杉橋在本章從酒吧老闆那裡學到的課題是「**如何與沉默共處**」。談話的過程，只要一陷入沉默，就會莫名恐慌，甚至詞不達意的人，不在少數。

我開辦的講座，有個單元是「傾聽方式的備忘表」，裡面有項設定是「你是不是只要對話中斷，就無法忍受沉默的人」。結果，不擅長傾聽的人，有很高的比例都表示害怕沉默。

我以前曾任職某間公司，一年的全國業務指導訓練講師。以第三者的立場，觀察別人的説話方式、傾聽的這段經驗，對目前擔任講師的我，是一份非常珍貴的資產。

在我日復一日的忙著指導和研修時，有間分店的負責人拜託我説：「我店裡有個進公司三個月的新人，可是到現在一件也沒有成交。他平常口才非常好，但完全摸不透客戶為什麼不買帳。可以麻煩你指導一下嗎？」

我跟著那位新人出去跑了一天，發現了一件事。

身為新人的他，口才的確相當了得，不會讓人有聽了想睡覺的問題。

但是，他遇到客戶的時候，只顧著講話，偶爾才會問對方問題。

「你覺得如何呢？」

問完類似這樣的問題後，他後續的反應更讓我大吃一驚。

客戶才剛開始思考「欸……」，對方都還沒回話，他就耐不住性子開口了。

連等一秒的耐性也沒有。

這樣客戶幾乎沒有開口的機會。看了他和客戶間的互動，我把這種毛病取名為「沉默恐懼症」。之後，也針對這一點對他進行指導。

口才明明不錯，卻溝通不良的人，大多犯了和這個新進員工同樣的毛病，就是對方的話才一講完，就匆匆進行下一個問題，根本沒聽清楚對方的意思，只顧著自己說話。

每個人都有「主觀」的一面。帶著這樣的主觀，沒有確認對方的意思，就草率談話，最後只會演變成無可挽回的狀態。

我們該怎麼做才好？

不要將**「沉默」視為敵人，而要當成「幫手」**。

等到對方把話講完後，先把想開口的欲望和恐懼沉默的心態放在一旁，留下短暫的「空白」。

時間的長度大約是三秒鐘就夠了。等待這三秒鐘，等於向成為傾聽高手往前邁進一大步。只是製造短暫的「空白」，就能引導對方說出他的真心話，而且效果好得驚人。

當對方開始沉思，法國用「天使降臨」的說法來表現，意味這時是靈光乍現的寶貴瞬間。懂得耐心等待，不妨礙對方說出真心話的人，才是真正的「傾聽高手」。

「**配合對方說話速度和聲調**」，也是擅於溝通高手的習慣。

配合說話速度，只要稍微訓練就辦得到。

如果對方說話的速度很慢，要慢慢說。對方說得很快，就要跟著變快。

做到這點，傳達的效率便會截然不同。

配合聲調的高低，也能帶來顯著的效果。

對方的聲音低沉，你的聲調就必須降低，讓聲音聽起來比較穩重。

仔細傾聽對方的音調高低，讓自己同調，不但能大幅提升溝通的效率，也是最能快速贏得對方好感的方法。

杉橋的業務生涯，就像坐雲霄飛車一樣，高低起伏。

他會繼續保持目前絕佳的運勢和討人厭的德性嗎？

瘦皮猴膽戰心驚卻真摯的眼神，會成為左右杉橋，及故事發展的關鍵因素嗎？讓我們繼續看下去。

第5堂

「觀察」比說話更重要！

——電話行銷的重點在「呼吸」

隔天傍晚，我在開車回公司的路上。

這天的表現依然無往不利，業績好得嚇嚇叫。

業績不振的時候，一天即使跑了十家、一星期跑了五十家，也一台都賣不出去。現在的成績，如果一天跑五家，起碼一定會有一台，好的話，甚至會有二或三台。

我現在穩居第二名的位置。

雖然我緊追在後，青柳的業績卻更上一層樓，但要超越他絕不是空想。

冠軍寶座已經近在眼前！

我握著方向盤，臉上藏不住笑意。

但想到昨晚的事，又是一肚子氣。

優子和春菜居然用那種態度對我。

我本來以為她們一定會替我的成長感到高興。

結果她們一點面子也不給我，毫不留情地說我的不是。

這兩個酒店小姐，想對本大爺說教，再等一百年吧！

我愈想愈氣，忍不住猛踩油門，不斷超過前面一台又一台的車。

誰都別想擋住我，門都沒有！

回想起來，打從我來到東京，過的日子一直很苦悶。負債的窘境，讓我對昂貴的名牌貨完全不敢奢求。午餐和晚餐，也都是省錢至上，根本忘了世界還有美食這回事，原來還是有吃了會打從心底覺得美味的食物。

老家在青森，即使我口才不好，也有一套溝通方式。但自從來到東京，口音飽受嘲笑後，我就沒辦法暢所欲言了。

因為我已經養成有話往肚裡吞的習慣。從旁人的眼中看來，人際關係的問題應該與我無緣。但老實說，只是我沒有和人接觸罷了。不論遇到什麼事，我都是靠著忍耐，想辦法撐過去。

為什麼我會這麼倒楣……。

為什麼只有我要忍受這麼痛苦的經驗！

不過，這些日子都已經是過去式。

到了下個月的發薪日，就是宣告我脫離苦海的日子。真是令人迫不及待。如果保持這種成績，月薪一定可以超過一百萬日圓。如果真的領到一百萬日圓，該怎麼花呢？

我可以去美食節目介紹的燒肉店大吃一頓，也去得起雜誌介紹的人氣壽司店。我老早就想看的海賊王漫畫，這下子也可以大手筆的從第一集買到最新一集。也不必擔心再說錯話，因為之前我曾說：「你們說的喬巴[註]，是以前很流行的斜躺腳踏車（Chopper Bicycle）嗎？」惹得大家一陣嘲笑。

沒錯，我自由了！我靠著自己的雙手得到自由了！

我放任自己陶醉在從所有煩惱解脫的暢快感，用力的踩下油門。

說時遲那時快。

嗚～嗚～。

從後方響起急促的警鈴聲，我還聽到透過擴音筒傳來這樣的聲音。

註：喬巴 Chopper 是漫畫《海賊王》的角色之一。

「前面那台白色小客車，請靠邊停車。」

超速四十公里的下場，是吊銷駕照。這下子我頭大了。

畢竟我的工作要載著重達十五公斤的吸塵器到處跑，少了車子就寸步難行。如果有一陣子無法開車，不就意味業績會大幅滑落，甚至有可能降低到零。

我抱著被打入地獄的心理準備向山崎部長報告這個噩耗。

但是，聽了山崎部長的反應，我才體會到什麼叫做「天助我也」。

山崎部長一聽我向他說明事情的來龍去脈，雖然皺著眉頭，但馬上對我說。

「這個時機還真是湊巧。剛好公司的高層告訴我，打算升你為組長。」

「真的嗎？要升我當組長!?」

如果當上組長，就得帶人，指導後進。

我隸屬的公司，目前地位最高的就是還兼任其他職務的山崎部長和王牌業務員青柳。當上組長的話，等於是坐上分公司的第三把交椅。老天爺對我真好啊！

山崎部長笑咪咪的對我說：

「既然不能開車，就先做電話開發吧！杉橋，你可得多幫公司賺錢喔！如果讓你這種業務人才閒下來，我對上面就很難交待。要是你太拚命，業績升太快，搞不好我的位置就岌岌可危了。到時候，就得叫你一聲杉橋部長了。哈哈哈。」

「哪有這回事，您在說什麼啊？哈哈哈。」

我配合著山崎部長高亢的笑聲放聲高笑，一臉得意的環顧四周，但總覺得同事都冷眼旁觀。

我一推開沉重的木門，酒吧老闆馬上開口招呼我。

「怎麼了，你今天好像很開心。」

我已經刻意提醒自己不要喜形於色，但是酒吧老闆總能敏銳的察覺別人的表情，沒有一次逃得過他的法眼。

這大概也需要什麼技巧吧！

我拋開這個疑問，向酒吧老闆報告我高潮迭起的一天。

「我開始覺得這世界好像真的有神。當我知道自己要被吊銷駕照的時候，心想我這麼一點的好運，一下子就結束了⋯⋯。哪知道這也能成為恰到好處的安排。人生真叫人難以預測⋯⋯。」

酒吧老闆邊擦著玻璃邊對我說。

「人走運的時候，不管做什麼都很順利，即使發生危機，也能化為轉機，倒楣的時候，不論做什麼都不如意。」

「我還不認識你的時候，只是單純不走運囉？可是我也倒楣太久了吧！」

「好運時，有好運的過法；倒楣時，也有倒楣的過法。你知道二流的打者會在什麼時候以全壘打為目標嗎？」

「什麼時候？狀況超好，有希望打出全壘打的時候嗎？」

「答錯了，都是在情況不佳，例如，兩打數無安打的第三打席。二流球員會想靠全壘打逆轉。但是在手感不好的時候揮大棒，不用想也知道是什麼結果。」

「被三振。那他們該怎麼做？」

「狀況不佳，就不要冀望高於水準的表現，只要盡力做到自己最低限度就夠。例如，把所有的注意力集中在揮棒。手氣好的時候，不論做什麼都很順利，所以可以盡量挑戰。運氣不好的時候做什麼都不順利，所以要保持低調，忍耐到好運來臨。聽起來很簡單吧！呵呵呵。」

所以我的低潮期是被自己愈拖愈久嗎？

仔細想想，我以前不論做什麼事情，一定以失敗收場。每次我試圖改變的時候，最後都有一種動彈不得的感覺。起碼我從沒想過要一直忍耐或撐下去。

既然現在，我做什麼都無往不利，說不定轉戰電話行銷也會做得有聲有色。

我一個人東想西想，想了老半天，擦好玻璃杯的酒吧老闆，像是讀透了我的心思一樣，對我這麼說。

「你剛才說你從明天要改做電話行銷？」

「是啊。下巴和動作模仿在電話裡都做不了，不過還可以鸚鵡學舌，所以我想要試試看。」

「還有更好的方法。」

終於要告訴我了！

酒吧老闆該不會還有其他沒教我的絕招吧！

而且還選在這種雪中送炭的時候。

這就是不論做什麼都無往不利的無敵力量嗎⁉

我探身到吧台前，開口詢問。
「是什麼方法？」
「就是配合對方的呼吸。」
「呼吸？你是說吸氣、吐氣的呼吸？」
「沒錯。」
「這未免太扯了，我是說要怎麼做，因為呼吸又看不到。」
酒吧老闆兩手一攤，擺出有何不可的表情，搖搖頭對我說。
「只有笨蛋才會說呼吸看不到。」
酒吧老闆的話讓我聽了有點不高興。
「可是眼睛看不到空氣吧？所以當然也看不到呼吸，不是嗎？這種常識連幼稚園的小朋友都知道！」
「你的腦袋就是被這種常識綁住，才會漏看最重要的事情。其實呼吸可以看得見的。道理很簡單，因為我們呼吸的時候，身體一定有哪個部位會動。每個人動的部位都不一樣，但大部分都是胸部、肚子和肩膀。」
我才說到一半「可是……。」就被酒吧老闆打斷了。

「我知道你想說什麼。講電話的時候又看不到，對吧？」

「沒錯。」

「你在講話的時候，是吸氣還是吐氣？」

「講話的時候？是吐氣。」

「講完了安靜下來的時候呢？」

「我沒有注意過這件事，但我想是吸氣……應該吧？」

「這樣的話，你就知道講電話的時候該怎麼做了。」

「對方講話的時候我就吐氣，對方安靜下來在吸氣的時候，我也跟著吸氣。」

「答對了！」

啪啪啪。

酒吧老闆把兩手伸到前面來，很誇張的替我鼓掌。

我雖然很生氣被他當猴子耍，但是酒吧老闆說的話對我很有幫助，所以我還是很佩服他。

「如果用這種方法，連猴子也可以配合對方的呼吸。」

「是吧？所以講電話反而容易。但是，情況的好壞變化很大。順利的時候，後面不順是永遠不變的道理。像那些被一時的成功沖昏頭，最後破產淪為階下囚的大老闆，就是忘了這個道理。你也差不多到了要注意這個問題的時候了。」

這句話聽在我耳中，根本無感。雖然毫無根據，但我有一種預感，自己的全盛期還會持續下去。

不對，應該說如果還不繼續下去就太不公平了。

過了這麼久的厄運期，全盛期沒道理一下子就結束。

「喂，請問是中田先生的府上嗎？」

「請問你哪裡？」

「我是奈斯克林的杉橋，要為您介紹最新型的吸塵器。本公司現正推出只要一百塊日圓，就可以有到府清掃的服務。」

「我現在很忙，不用了。」

喀鏘……嗡、嗡、嗡。

「喂，請問是筱原先生的府上嗎？」

「是的。」

「我是正在介紹新型吸塵器的……。」

「我家的還可以用，不必了。」

喀鏘……嗡、嗡、嗡。

隔天，我卯足了勁開始打電話，但是和登門拜訪的推銷相比，電話行銷的難度很高。

不要說配合對方呼吸了，我連開頭的慣用句都沒講完就被掛電話了。

按照這種情況，我從早上開始已經被掛了超過三十通電話，但是，山崎部長卻笑咪咪的走近我的位子。

「情況怎麼樣？電話和實際拜訪的感覺不一樣吧！看樣子就連我們厲害的杉橋也出師不利。」

就在我快要示弱說出「是啊……」的時候，我發現有些同事露出「幸災樂禍」

的表情看著我。所以，我費了好大的勁拼命逞強。

「還好啦！我已經快要掌握訣竅了。我想下午就會有結果，所以請部長再等一下！」

山崎部長做出像搞笑藝人一樣誇張的反應。

「不愧是杉橋欸～會賣的人說出來的話就是不一樣。喂！瘦皮猴！你有聽到杉橋剛剛說的話嗎？」

正打算出門跑業務的瘦皮猴被部長叫住，然後戰戰兢兢的回答了部長。

「有、有聽到。很、很厲害。呃…那個，對不起……。」

「好了，沒你的事了。快點出門吧！」

山崎部長，像看到野狗一樣發出噓聲趕走瘦皮猴，走回自己的位子。

下午，我重新打起精神，在桌上放了一張紙條，上面寫著

「對方講話時　↓　吐氣」
「對方沉默時　↓　吸氣」

我唯一能做的就是找到盡量延長對話時間的客戶。首先，我要做的就是應付眼前的這一通電話。

這麼告訴自己後，我發現內心的焦躁不見了。

更不可思議的事還在後頭，早上打的電話明明每通都揮棒落空，到了下午的第五通，出現了願意和我多聊一點的客戶。

「是，我是橋本。」

「喂，我是奈斯克林的杉橋，可以稍微佔用您一點時間嗎？」

「好，有什麼事？」

終於出現了！我握緊拳頭再次確認紙條的內容。

「本公司現正推出只要一百塊日圓，就可以到府清掃的服務。請問目前府上用的是哪一種吸塵器？」

「你問我是哪一種我也答不上來，就是一般廠牌的吸塵器吧？」

我在橋本太太講話的時候，一直呼呼的慢慢吐氣。

等她講完，我才吸了一口氣。

對方講話時 → 吐氣

對方沉默時 → 吸氣

「……」

橋本太太保持沉默，一句話也沒說。

於是，我試著丟一個問題。

「您覺得目前用的吸塵器的吸力夠強嗎？」

「這個嘛。有些角落的灰塵是吸不到，但是我又沒用過其他廠牌的吸塵器，我想每一家的都差不多是這樣吧？」

我持續慢慢的吐氣，等到橋本太太把話講完才吸氣。

這次，橋本太太繼續往下說。

「最近電視有在打廣告耶！聽說吸力超強。我是有想過啦！可是一台吸塵器要好幾萬。」

對方講話的時候保持吐氣，等到講完了我再吸氣。

「……」

經過幾秒鐘的沉默，橋本太太又開口了。

「對了。我家養了兩隻狗，我每次都是用滾筒式除塵紙把狗掉的毛黏乾淨。如果吸塵器可以吸掉狗毛，那倒是不錯。」

我一邊在橋本太太講話的時候吐氣，心想著說不定現在是個好機會。

我等到橋本太太講完話才吸氣，接著試著主動出擊，切換到銷售話術。

「如果您有這方面的困擾，要不要試試本公司的一百塊日圓的清掃服務呢？只要使用本公司的吸塵器，保證狗毛也吸得乾乾淨淨。」

「真的嗎？那就拜託你們了。真的只要一百塊日圓嗎？」

我先吐了氣再吸氣，然後回答她。

「那當然。」

得到這一件預約，我的心態馬上變得非常樂觀。

講到一半被對方掛電話，老實說真的讓我有點沮喪。

這也意味著，我是真心想和每個打電話的對象好好談話。

打電話給對方，並不是我的目的。我只是想找個只要我配合他的呼吸，他就願意一直和我說話的對象。

既然這才是我的目的，那麼我就只要像個機器人一直打電話，打到這樣的對象出現為止就好了。

一旦找到這樣的對象，就開始配合他的呼吸，請他和我約個時間登門拜訪。事情說穿了就是這麼簡單。

等到我完成了三件預約，我確信自己已經掌握到訣竅。透過電話，會有一種看不到對方的焦慮感，所以很容易照著銷售話術說話。只要避免這點，先扔一個容易回答的問題給對方，就可以進入配合呼吸的階段了。

客戶沉默的時候，我就只是維持吸氣。這時只要稍待片刻，如果客戶還是什麼都不講，就試著問問題。反覆幾次，等客戶主動開口，我再請他和我約個時間，通常都會得到對方爽快的答應。或等到對方主動向我問起公司提供的服務，我再提出預約時間的要求，對方幾乎都會同意。

不過，我發現一個問題。就是「鸚鵡學舌」的正確用法。習慣配合對方的呼吸後，我也試著加進鸚鵡學舌，結果這一試，讓某個客戶話匣子大開，整整說二十分鐘以上。

但這樣做太花時間，而且沒有效率。我決定只針對反應冷淡的客戶，使用鸚鵡學舌。

調整以後，時間縮短成五分鐘，長一點，也可以在十分鐘內完成預約。

在公司的電話行銷部，只要一天完成一、兩件預約就算合格。如果拿到三件，地位就好比轟出再見全壘打的打者或決定得分的前鋒。

我光是一個下午就拿到了五件預約。

我交出記錄著客戶姓名和地址的表格後，山崎部長對著電話行銷部大聲咆哮。

「今天才加入電話行銷的杉橋，第一天就拿到了五件預約。這代表什麼意思？你們之前都是怎麼混日子的？根本沒用心在做事！不是嗎？杉橋為你們做了一個很好的示範。從明天開始，我會把目標大幅提高，你們要有心理準備，把皮繃緊！」

我在電話行銷部還是一片兵荒馬亂的時候，帥氣的回到自己的位子。

因為接下來是主婦最忙碌的時段，所以電話行銷只做到下午四點就結束了。

在外面跑完業務的業務員都會回到公司集合，大約從下午五點開始，就是我進行業務指導的時間。

我負責的成員一共有四個人。除了瘦皮猴，其他三個人都是在我業績最慘的時候，把我看得扁扁的傢伙。

太好了。剛好利用這機會，讓他們見識我的實力。

面對這四個聚集在會議室的成員，我劈頭就先來個下馬威。

「你們幾個，知道自己為什麼要接受我的指導嗎？原因很簡單，因為你們都賣得比我差。接下來我說什麼，你們都要好好聽。如果不願意，現在就可以離開。反正對我也沒差，不會造成任何困擾。不過，你們最好想清楚，離開我的小組就別想再回來了。聽懂了嗎？」

除了瘦皮猴，其他三個人都用不屑的眼神看著我。

「懂了就說聽懂了啊！」

聽到不耐煩的我加重的語氣，三個人只好板著一張臉回答「聽懂了。」

雖然心裡覺得有幾分不是滋味，但是時間緊迫，所以我還是繼續講了。

「反正，你們就是打算用那套銷售話術繼續跑業務吧？這樣下去的話，你們的業績永遠也不會成長。從現在開始，趕快忘掉銷售手冊上面寫的所有話術！」

瘦皮猴戰戰兢兢的發問了。

「那⋯⋯那我們該怎麼做推銷呢？」

「跟著對方下巴的動作一起動，聽到對方講什麼就跟著講什麼。你們只要這麼做就對了。只要這麼做，吸塵器就賣得出去了！」

瘦皮猴以外的三個人，不是歪頭，就是誇張的嘆氣，一副「你在說什麼鬼話」的態度。

我對他們的反應完全視若無睹，馬上要他們兩人一組，開始練習鸚鵡學舌。

我的指導方式有點暴力，幾乎算是職權騷擾了。

我毫不留情的怒斥他們：「太慢了！怎麼就是教不會啊！」不然就是在旁邊說：「你知道嗎？憑你這種表現根本賣不出去。你到底幹了幾年的業務員啊？」

對反嗆我「做這些事情是為了什麼？」的傢伙，我老早就準備好必殺技台詞反擊。

「我可是全國業績第二名的業務員。有什麼不滿也等到拿出結果再說吧！」

亮出這張王牌後，果然沒有人敢反駁。

心裡雖然有幾分過意不去，但是可以直言不諱、暢所欲言的感覺實在太爽了！

我根本不必對他們客氣。這些人在我潦倒的時候，一直欺負我，所以我現在只是以牙還牙而已。

躍為業務指導的我，「權力」在握，可以為所欲為、愛怎麼做就怎麼做。

一個月後，我拿回駕照，終於又恢復跑業務的日子。

連電話行銷也做得有聲有色、創下新紀錄的我，已經不知恐懼為何物。

不論對象是誰，我都有信心把東西賣給他。我深信自己是個做業務的人才。

畢竟是久違的陌生拜訪，我以稍微緊張的心情，按下了第一戶的電鈴。

聽我站在玄關做了吸塵器的說明，對方只說了一句「家裡的還可以用。」就把門關起來了。做我們這行的，早就習慣吃閉門羹了。

我重新打起精神，隔著對講機用從容不迫的口吻向對方告知來意，結果只換來一句「不必了。」

難道是刀太久沒磨，所以生鏽了嗎？

到了第三家，我動用配合的對方下巴和模仿手勢的技巧，總算登堂入室。

完成清掃後，我擔心閒聊可能會拖太久，所以硬是在中途拿出商品簡介開始銷售，結果還是慘遭拒絕。

情況怎麼會變成這樣？

以前也會有客戶主動說「我要買」，但是我現在連一點蛛絲馬跡都感覺不到。

如果只有第一天的情況如此，我還可以歸咎於太久沒跑業務，所以有點生疏，但是第二天和第三天的業績也同樣掛蛋。

我覺得愈表現積極銷售的態度，客戶就愈會拒絕。

一定是哪裡出了錯……總覺得不太對勁……。

「你最好注意一下！」

我的腦中浮現出優子冷冷的對我說的這句話。

結束了依然毫無進帳的第四天，山崎部長終於忍不住跑來關切。

「杉橋，你沒問題吧？我相信你一定很快能恢復原有的水準，可別漏氣啊！」

王牌青柳故意走近我的位子小聲說。

「真的有這種人耶！有一陣子的業績衝得很快，然後就一蹶不振了。不過我相信這種情況不會發生在杉橋你身上啦！畢竟你是我挖掘的人才。」

瘦皮猴不時的往我這邊看。

但我才問一句「你要幹嘛？」他卻吞吞吐吐的說「呃……沒有，沒事」，然後低下頭去。

沒想到，壞事接踵而來。

一直講電話已經超過十分鐘的女職員回過頭來問我。

「杉橋先生，有人打來客訴，我可以轉過去給你嗎？」

我直覺的想到那個老太太。

可是，那個老太太看起來不像是會打來客訴的人。

我懷著滿肚子的疑問，告訴女職員「轉過來吧！」

才把聽筒貼近耳邊，立刻傳來女性連珠炮的咆哮。

「你就是杉橋？為什麼要詐騙老人家？你太差勁了！我媽用了你推銷的吸塵器，結果骨折了，現在人在住院！你說你要怎麼賠償？」

我不祥的預感，果然成真了。

打電話來的客戶，是那個老太太的女兒。

現在回想起來，我記得老太太好像發過牢騷，什麼女兒搬到大樓去住，老家沒有人維護什麼的。

因為我想多掌握一點資訊，所以詢問她。

「我不知道您的母親是在什麼樣的情況受傷，是否可以稍微……。」

這句話讓老太太的女兒怒火燒得更旺。

「什麼叫做不知道是什麼情況？難道你以為我在說謊嗎？」

「呃…不是，我完全沒有冒犯您的意思……。」

我沒有想到事情竟會如此發展。我的腦中變得一片空白。

「你怎麼會認為年紀超過七十歲的老太太，有辦法抬得起那麼重的吸塵器？明知道還賣給對方的話，就是詐欺！根本是犯罪！」
在千鈞一髮之際，我趕緊在老太太的女兒講話時保持吐氣。
等到老太太的女兒安靜下來以後，我再吸氣。
如果靠這招能建立她對我的信任感，她的怒氣應該能平復下來……。
「你知道老人家骨折有多嚴重嗎⁉運氣不好的話，說不定以後就沒辦法走路了！就算還能走，如果得了失智症，你要怎麼負責！」
怒火壓不下來。別說壓下來了，根本是愈燒愈旺。
我不知道如何應付。所以決定只做一件事，就是配合對方吸氣、吐氣。結果被她大吼「別不吭聲，也給我說句話啊！」
聽她這麼說，我也懶得再安撫她，決定豁出去了。
「妳要我怎麼做呢？」
電話的另一頭沉默了幾秒鐘，然後傳來「嘖」的聲音。
「我媽雖然告訴我『對方是個好人，所以別客訴了』，看來你一點也不老實。既然我媽是被你賣的吸塵器害得住院，來探病是基本常識吧！」
啊啊……實在太麻煩了。事情終究演變成我唯恐避之不及的情況了。

但是，既然已經演變成這種局面，如果我不去探病，情況就更難收拾了。
我向她問了醫院名稱和老太太的病房號碼，就掛了電話。

「真是要命……」我嘆了一大口氣，粗暴的把聽筒放回去，這時瘦皮猴哭喪著臉向我跑過來。

「杉橋大哥，你還好吧？對方是上次的老太太吧？」

「聽說她想把吸塵器拿出來用的時候，不小心骨折了。真的是很會給我找麻煩。如果早知道用不了，就別勉強自己買下來嘛。你說是不是？」

瘦皮猴沒有附和我的問題，他只是低著頭說。

「我也要負一半的責任。請讓我明天也一起去探病。」

「說得也是。兩個人一起去道歉的話，說不定那個囉嗦的女兒會寬容一點。那我們明天三點就約在西東京市的佐佐木綜合醫院。」

我超過三點十分才到醫院，瘦皮猴已經站在醫院的大廳，一臉驚慌。

「杉橋大哥。我們是要來探病的，你已經遲到十分鐘了。」

我揮手說。

「我有什麼辦法。我要先去跑業務啊！我們的工作是賣吸塵器，不是向人道歉。老太太的病房在哪裡？」

「啊！對不起，我馬上去問。」

瘦皮猴驚慌失措的跑到服務台去了。

「沒用的傢伙。不曉得要到什麼時候才會成材。」

其實我也忘了把寫著房間號碼的便條紙塞到哪裡去，但我假裝沒這回事，在沙發上坐了下來。

我面前剛好有一間花店。有一個年輕媽媽和看起來像小學低年級的小孩，正在挑選探病用的花束。

在醫院賣探病用的花。應該說是很會做生意，還是連這種沒良心的錢也要賺？我一邊想著這件事，一邊隨意張望時，瘦皮猴回來了。

「是四〇二號病房。杉橋大哥，你要去買花嗎？」

「算了，不買了。要是送了花，反而被對方大做文章，可就麻煩了。如果對方要求我們『出醫藥費』，你說怎麼辦？銷售手冊不是有寫嗎？賠罪，就是一直磕頭，磕到對方滿意為止。」

「這個……。」

我無視一臉不服的瘦皮猴，朝著電梯走過去了。

出電梯後，通過護理站，馬上就看到四〇二號病房了。病房的門沒有關。探頭一看，裡面共有六張病床，房裡好像還有別的病患。

旁邊等於有其他目擊者。這樣一來，應該不會出現我們被歇斯底里的女兒，抓住衣領不放，或者被大聲咆哮的場面了。

我稍微鬆了口氣，用眼神向瘦皮猴示意「走吧！」

但是，沒想到瘦皮猴才小聲說完「好」，立刻聽到一陣淒厲的怒吼。

「你們兩個！你們是奈斯克林的人吧？」

我循著聲音的方向一看，一個年約三十五歲的長髮女性，正站在最裡面一張病床的旁邊，瞪著我們。她大概就是打電話進來客訴的女兒。

她的手上拿著一個插著花的大花瓶。

也太不巧了吧！為什麼她手上偏偏拿著花瓶。

因為來的時機太不湊巧，所以我回答的氣勢也削減了幾分。

「是的。我是奈斯克林的杉橋，請問您是前田小姐嗎？」

「我就是。你們過來這裡看看我媽的腳！」

我低著頭，裝出虧欠的表情走進房間，看到躺在病床上的老太太。

老太太從被子裡露出用繃帶包起來的腳，躺在床上。

昨天通電話的激動程度，我原本以為老太太的傷勢一定很重，所以我忍不住脫口而出。

「咦？沒有上石膏嗎？」

才說完，瘦皮猴立刻用手肘頂了頂我。

一看女兒的表情，我馬上覺得不妙。通紅的臉龐變得僵到不能再僵，連額頭也冒出了青筋。

「這就是你來的第一句話？你到底有沒有良心啊！遲到就算了，看樣子也是兩手空空的來吧？最誇張的是，你還一臉不耐煩。你有打從心裡覺得愧疚嗎？」

瘦皮猴為了替我打圓場，忍不住開口了。

「呃…真的非常抱歉。對、對不起。我們…這個……。」

沒用的傢伙，不論什麼時候都派不上用場。

女兒的怒火飆到最高點。

「你到底在說什麼！找藉口之前要先賠罪吧？你們兩個先給我下跪再說！我要去換花瓶的水，你們就跪到我回來為止！」

「好……真的很抱歉……。」

我和瘦皮猴對看了一眼，接著正準備跪下時，老太太起身阻止。

「妳不要這樣。我不是說過好幾次了，又不是他們兩個的錯。妳趕快去換水。

嘿咻……。」

老太太好像連起身都很吃力。這時，瘦皮猴發揮我從沒看過的俐落手腳，把手放在老太太的背上，協助她起身。

站在一旁發愣的我，馬上被扣了一大堆分數。

沒用的傢伙不論什麼時候……。

不對，現在沒用的人，就是我。

老太太起身後，一會兒只是靜靜的看著窗外。

我和瘦皮猴一動也不敢動，做好隨時被挨罵的心理準備。

不曉得從哪裡傳來麻雀的啾啾聲，聽起來一派悠哉。

就像收到信號一樣，老太太剛好也在這時候開口了。

「不好意思，把事情搞得這麼嚴重。其實我只是腳的大腳指骨折，女兒卻小題大做。」

我作夢也沒想到竟然是老太太向我們道歉，所以一時不知該如何反應。

「什麼？千萬別這麼說。都是我們的疏忽，給您添麻煩了，真的很抱歉。」

瘦皮猴也接著說。

「真的非常抱歉！」

老太太慢慢的搖了搖頭。

「你們不必抱歉，要怪就要怪我，誰叫我買了一台『根本沒辦法用』的吸塵器。我也很清楚，那麼重的吸塵器我根本搬不動。可是，你們幫我清掃，掃得很乾淨。所以我也很想買一台來用。」

因為「根本沒辦法用」的這句話，雖然讓我很驚訝，卻不得不反問她。

「那個，您剛剛說吸塵器根本沒辦法用？」

老太太慢慢的大力點著頭對我說。

「嗯，你們覺得一個超過七十歲的老太太，有辦法提得動十五公斤的機器嗎？你們第一次來我家的時候，我一看就知道我用不了。」

明知自己用不了還是買了？

她的話讓我聽得一頭霧水。所以我只能開門見山的問了。

「那您為什麼還要買呢？我們並沒有強迫推銷。」

老太太低下頭，雙手輕輕重疊開口了。

「是啊，你們完全沒有硬逼我買的意思。我會買是因為你們很有耐心一直聽我講話，第一天只有個子很高、像根竹竿的業務員來，雖然態度畏畏縮縮，還是聽我一直講話。隔天你們兩個一起來，雖然新來的業務員長相有點懦弱，可是眼神看起來很溫柔，而且又聽我講了那麼久。」

「賣吸塵器就是我們的工作。所以……。」

「無所謂。像我這樣的獨居老人，常常一整天都沒有和人講到一句話。我再活也沒幾年了，可是卻連個講話的對象也沒有。我是抱著感謝你們陪我聊天的心情才買的，而且我想，如果我買了吸塵器，說不定你們還會來看我。我心裡也是有這樣的期待啦！」

「嗚……嗚……嗚……。」

瘦皮猴的眼淚，像斷線的珍珠不斷滴了下來。

自從老太太買了吸塵器以後，我也好，瘦皮猴也好，連一次也沒有再去過老太太的家。就連通電話也沒有打。

「我…真的很抱歉……。」

我有一種自己好像糟蹋寶貴之物的感覺，滿腦子只有對不起三個字。

到底是為了哪件事道歉，我也搞不清楚。

是為了賣吸塵器給她，還是聽她說話其實只是敷衍而已？
雖然我不知道答案，卻無法壓抑想道歉的念頭。

解說

呼吸同步，建立信賴關係的「觀察術」

終於，本書的主角杉橋踢到鐵板了。

杉橋心裡被投下一顆震撼彈，開始懷疑「磨練技巧的目的是為了什麼」。究竟他能不能度過眼前的危機，化險為夷呢？

很多人一旦業績開紅盤，也會跟著掉進自負和傲慢的「陷阱」。

「這點業績我隨時都辦得到。因為我已經掌握訣竅了。」

我也曾有過這種自打嘴巴的經驗。誇下海口後，下個月的業績就好像坐溜滑梯一樣直直落，商品完全賣不出去。

本章介紹難度相當高的「**呼吸同步**」技巧。

當對方沉默不語的時候，我們該怎麼做呢？

上一章，我針對口才不佳的人，介紹配合對方視線的技巧。只要和對方看著同一個方向，雙方的波長就會變得一致。

不過，配合呼吸的效果更好。

配合對方的呼吸點頭時，讓自己的呼吸達到同步技巧。最好是花時間耐心等待，直到呼吸同步。

我曾做過六年的電話行銷。

用電話做業務，因為看不到對方的長相，所以只能憑藉言詞和聲音決勝負，懂得配合對方的呼吸，可以讓客戶願意打開心門，對業績有很大的幫助。

對自己缺乏信心，表現出不安或焦慮的時候，呼吸會變得急促。如此一來，就無法和對方的呼吸頻率達到同步，連帶破壞和對方建立好的信賴關係（NLP稱為親和感）。一旦失去信賴關係，對方的反應會變得不熱絡，造成心情更焦慮，陷入惡性循環。

這種惡性循環的結果，是業績暴跌。

想擺脫業績暴跌的慘況，第一步就是提醒自己養成配合對方呼吸的習慣。即使只是意識到這一點，模仿的技術也確實會有所增進。

不過，呼吸的觀察和模仿，都屬於說來容易做來難的技術。但我必須強調，這兩者都能發揮很明顯的效果。

剛開始實踐時，像主角杉橋一樣，記住兩項原則就夠了。

・對方講話時　↓　吐氣

・對方沉默時　↓　吸氣

對方講話時吐氣。

以文字來表現，就是「加逗號」時換氣。

無法順利和對方溝通的時候，請提醒自己要配合對方的呼吸。意識到這一點，就可以知道自己對對方的觀察是否透徹。

我到現在還記得，當年我學到「呼吸同步」時，反應和杉橋一模一樣。

「這招我真的沒辦法，實在太扯了。呼吸是眼睛看不到的。」

眼睛確實是看不到「呼吸」。所以一開始根本摸不著頭緒，不知道該如何配合。

但NLP擁有悠久的歷史。連看不到的東西都能解讀，且發展一套觀察對方的技術。

杉橋很驚訝酒吧老闆竟然能準確猜透他心思的一幕。這技巧正是NLP的關鍵技術，稱為「**測度**」。意指「**觀察的技術**」。對從面試技術發展而來的NLP，是看家領域。

翻譯的「觀察」，意思過於籠統含糊，不容易讓人了解指的是什麼，所以我才會用英語的「測度（Calibration）」來稱呼。

以測度來觀察對方時，可以看到以下五項變化。

・姿勢・動作的變化
・呼吸的變化
・表情的變化

・聲調的變化

・聲音的快慢和間隔的變化

對照這些項目時，確認對方的反應，做出合宜的對應，才算是溝通高手。

這幾點和我提到同步時的注意事項是一樣的內容。姿勢、呼吸、聲調……。雖然都是談過的東西，**但沒有達到仔細觀察對方、了解對方的前提，傾聽或交談都不可能做得到**。以自己為出發點的人，根本不可能做好溝通。

險象環生、高潮迭起的故事，也即將進入尾聲。

學會「傾聽」究竟是為了什麼。當杉橋找到答案，才能算真正掌握溝通的全貌，才能了解酒吧老闆和優子為他上課的意義。

第6堂

「地圖」和「傳達」的真正意義

——發自內心傾聽的「假設前提」

自從老太太受傷事件以來，我這幾個星期的心情一直處於混亂的狀態。

我為什麼會踏進這一行？——因為我想賺錢。

我適合這份工作嗎？——業績都坐上全國第二名的位子了，沒有不適合的道理。

因為我銷售的產品是價格昂貴的吸塵器？——雖然偶爾會有客訴，但是滿意的客戶也不在少數。

老太太的客訴事件，只是偶發事件的其中之一。

但這麼僅此一件的意外，卻在我的心裡留下難以平復的疙瘩。

為什麼會這樣？我為什麼要選這份工作？我真的適合嗎？是吸塵器的錯嗎？

我的腦袋無時無刻都想著這幾個問題，但遲遲找不到解答。

我也完全無心跑業務。

業績呈一直線的下降，完全沒有恢復的跡象。

再這樣下去，我又要被打回原形，陷入業績不振的地獄了。

這是我絕對不想看到的狀況。

但我就是一點幹勁也擠不出來。

我還是會配合對方下巴的動作和手勢，鸚鵡學舌也有做。也會注意聲調和說話的速度。技巧方面，已經做到天衣無縫的程度。

但就是無法看到實質的成果。

即使自己的業績不理想，但是新任務——業務指導能做出成績來，那我還有藉口為自己辯護。

無論我如何嚴格指導，成員的業績就是不見起色。原本參加一個星期三天、從下午五點開始的業務指導成員，也一個個退出了。

最後只剩下瘦皮猴。

「一下子衝很快的話，都會遇到停滯期。我相信杉橋你沒問題的啦！一定很快就能重整旗鼓。我很看好你喔！」

連一開始對我鼓勵有加的山崎部長，這幾天也對我很冷淡。

他不可能沒話想對我說吧！我覺得他根本是在躲避我。

業績依然傲視群雄的青柳，還是老講一些刺耳的話來刺激我。

例如，他會選在和我擦身而過的時候，話中帶刺的說「沒想到你的好成績真的只是曇花一現耶！可是我相信你的實力喔！畢竟你是我找來的。」

或者和同事閒聊的時候，不經意的放冷箭，「我們做業務員的，不是只有做到一時的業績就夠了。不能長期持續的話根本沒有意義。」

我不是不想出言反駁，但以我現在的立場，實在沒資格發言。

原本讓我每天神采奕奕去報到的公司，這幾個星期也變得如坐針氈。

我完全摸不著頭緒，不知道事情為什麼會淪落至此。

為了尋求答案，我又去了 Rapport 一趟。

一推開沉重的木門，酒吧老闆又一眼看透我的心思。

「怎麼啦？為什麼一臉好像世界末日到了的表情？」

我一點也不訝異。我知道自己看起來一臉陰沉，又駝著背。一天嘆氣的次數已經多到數不清。

「到底發生什麼事啦？看你一臉垂頭喪氣的樣子。一直不講話也不是辦法。」

我一口氣喝掉酒吧老闆送上來的啤酒，將老太太受傷的事，和不曉得為什麼業績不振還有完全失去幹勁的事情全盤托出。

酒吧老闆雙手抱胸，皺著一張臉，歪著脖子附和我。

「喔～原來是這樣。」

「我好像不知道該怎麼辦了。我到底該怎麼做？」

「我不確定你現在的手氣是好是壞，看樣子是居於劣勢。」

「劣勢？這麼說，我會陷入今天的情況，也是老闆你老早就預料到的嗎？」

「你忘了我不是跟你說會很危險嗎？我教你的純粹只是速效性的技巧。我打個比方，這個技巧就像一把鋒利的菜刀。如果由料理經驗豐富的大廚來用，可以切出精細的食材，但讓外行人來用，很可能會切到手，血流不止。」

「血流不止？不就是我現在的處境嗎？」

「就算我再厲害，也無法得知你目前的功力已修練到什麼程度。已經血流不止了嗎？」

酒吧老闆若無其事的說完後，收走我的杯子問我。

「我這裡有泡盛（沖繩的烈酒）喔！你要不要喝一點？」

我本來很期待酒吧老闆能給我一點建議，沒想到就這麼被他呼攏過去。所以賭氣的回答他。

「日本酒也好，威士忌也好，伏特加也可以，只要是酒通通都好。」

「呵呵呵。你可別說得這麼自暴自棄。我的酒可是國境的酒呢！是在日本最西邊、與那國島釀的古酒。算了，你喝喝看。」

隨便，管他西邊還是東邊都沒有關係。

我抱著一肚子的悶氣，啜了一口白濁的酒。

這酒的味道還真不錯。

當我還在猶豫要不要老實說出感想的時候，酒吧老闆卻搶先開口。

「現在不是一年到頭都很流行減肥嗎？這股流行已經持續好幾十年了。你不覺得很反常嗎？」

「我雖然從來不覺得自己瘦，要說反常也的確是很反常呢！」

「你覺得為什麼會這樣？」

「因為想瘦的人很多。」

「這是什麼答案啊！」

酒吧老闆模仿搞笑藝人演短劇的樣子，像斷線的人偶一樣猛力低頭。

「大家都只是學了方法，並沒有真正改變『自己』。一開始只要有什麼新的減肥法，就一窩蜂跟著試。有一陣子，大家都不吃甜食和油膩的東西。但幾乎不會有人一直這樣吃，持續這樣的減肥方式。大家會努力去學方法，但不會努力去改變自己。你有遇過連去比利的軍事訓練營註三年的人嗎？」

「沒有……。」

「是吧！有的話，體格早就變得比比利隊長還棒了。如果『無法持之以恆』，不努力去改變自己，不論用哪種減肥方法都沒效。」

「所以該做的不是嘗試哪一種方法讓自己瘦下來，而是努力讓只有三分鐘熱度

註：由前美國陸軍專屬教練比利以新兵訓練營的運動方式發展而成的瘦身方式。

的自己持之以恆。這樣一來，不論採用哪一種方法都瘦得下來。你的意思是這樣嗎？」

「這樣講也通。對了，你目前遇到的最大問題是什麼？」

「完全做不到業績，還有我指導的小組，業績也拉不起來……。」

酒吧老闆聽完，又猛力低下頭去。

「這些不過都是表面的現象。重點是導致這些問題產生的原因是什麼？」

「嗯……。」

我抱著頭，把手肘頂在櫃台上。

導致這些問題的源頭？

到底是什麼？

酒吧老闆一臉無奈，摸著鬍子深深的點頭。

「你根本沒在聽別人說話，不是嗎！」

「咦？我有在聽啊……。」

「沒有。只要你用了我教你的技巧，對方就會對你打開心門，話匣子大開。重點是『打開心門』。既然對方很誠心的和你說話，你也得拿出同樣的誠意，否則就破壞他對你的信任了。如果你真的用心聽客戶說話，就不會有客訴了。」

啊！

我想不到任何話來反駁。剛開始為了把吸塵器賣出去，我真的卯足了勁，很專心的聽客戶說話。

有了技巧的加持，讓客戶對我暢所欲言，我除了開心，也覺得他們告訴我的內容很有趣，全神貫注的傾聽。

自從嚐到銷售的甜頭後，我變得只在意能不能多賣幾台，客戶的閒聊，也讓我愈來愈不耐煩。

只要運用技巧，對方就會自己開口，心情大好之餘，也會主動下單。

我覺得這樣很好，沒有什麼不妥。

「我覺得自己實在沒臉見人了。」

酒吧老闆笑了一下。

「看樣子你已經發現了。靠自己的覺悟脫離苦海，學到的經驗讓你一輩子都不會忘記。這是你一輩子的資產。」

「我知道了。可是我要怎麼做，才能真心傾聽對方說話？」

「你問這種問題，不就好像問我『要怎麼做才會覺得拉麵真的很好吃呢？』我直接告訴你答案，對你沒有好處。就把它當成你的作業吧！靠自己找出答案吧！剛好我從明天開始就要暫停營業半年。」

「暫停營業？你說真的嗎⁉」

「啊！對喔！你是新客人，所以我忘記寄明信片給你了。我這家店只有秋天和冬天營業。因為我會利用春夏兩季巡迴世界各地的酒莊。我現在迫不急待要出發了。呵呵呵。」

雖然酒吧老闆要我「靠自己找出答案」，但是得知酒吧老闆有半年不在的「噩耗」，我還是感覺很不安，好像攻頂前，登山領隊突然骨折了一樣。

我好希望優子能幫助我。哪怕只給我一點線索也好。

可是，當初我把話講得那麼絕，現在哪有臉踏入 Chunk Up 的大門。

隔天，我翹掉上午的業務行程，去了吉祥寺那間每次優子替我上課的星巴克。

如果優子也在那裡喝咖啡，我就可以假裝是巧遇了。

但是優子真的來了，我該如何開口？

「嗨！你要不要坐在這裡？」

語氣好像有點太隨便了，我應該再乾脆一點。

「我上次真是失禮了。」

這樣也太不符合我的個性。應該要再自然一點……那就這樣吧！

「上次的事我很抱歉。我喝醉了，所以講話口無遮攔。」

——用喝醉酒當藉口，實在不夠光明磊落。

是不是老實的道歉比較好？

這樣也不好，那樣也不對，就在我思索著最佳開場白時，一個小時就這樣過了。

真是傷腦筋。當我打個大呵欠時，突然想到優子總是隨身攜帶的大書。

N……L……P……。

和酒吧老闆說了優子的事情後，他也說優子是個行家。

說不定她常看的那本書，可能藏著什麼線索！

我立刻衝到星巴克附近的大型書店，向店員詢問。

「有NLP方面的書嗎？」

店員回答：「有，就在這裡。」接著帶我去NLP專區。

優子看的那本書特別厚，我一看就知道是哪一本。

我甚至忘了向店員道謝，一拿到書就馬上翻

起來了。我一看到開頭的內容，馬上有一種五雷轟頂的感覺。

在〈NLP的假設前提〉章節，這幾行並列的文字，衝擊性讓我這些日子以來的焦慮，完全一掃而空。

〈NLP的假設前題〉

①地圖不等於疆域

尊重對方的地圖是溝通的基本條件

我買了這本書，然後回到剛才待的星巴克，反覆針對假設前提的部分看了好多次。

下午的業務行程，我也翹掉了。反正以現在的狀態，就算跑再多的客戶，也沒有成交的希望。

與其做白工，不如花點時間讀完這本書，看看裡面有沒有提到自己目前所處的情況，找出問題還比較實際。

「①**地圖不等於疆域**」，我第一次看的時候覺得莫名其妙。

讀了以後了解含意，才知道為什麼老闆會拿國境酒泡盛出來招待我。

舉例來說，日本和俄羅斯因為北方領土的問題一直爭議不休。日本的地圖上，把北方領土納入日本的國土。

俄羅斯的地圖，也把北方領土納入俄羅斯的國境內。實際存在的土地只有一塊，但卻分為日本和俄羅斯兩個版本的地圖。

同樣的情況，也會在溝通時發生。

每個人都是用自己的地圖來掌握現實，所以即使看到、聽到或感受到的是同一件事，解讀的方式也不相同。

一樣是四十度的洗澡水，有人覺得燙，也有人覺得太溫。上次老太太的女兒打電話過來客訴的時候，我表現出一副不耐的樣子，但是瘦皮猴卻覺得很愧疚。

我們接受的是同一件事實，但反應卻完全不一樣。

原因在於，我和瘦皮猴拿的是兩份不一樣的地圖！

下一句是「**尊重對方的地圖是溝通的基本條件**」。

每個人都有一份自己的地圖。每個人都仰賴自己的地圖思考、感受各種事物。如果有一百個人，就有一百份不同的地圖。

所以，傾聽對方說話時，必須理解對方手上拿的是什麼樣的地圖。

這點正是能否做到用心聽對方說話的關鍵！

我也知道被我指導的小組，業績一直不見起色的理由了。我對成員進行指導時，一直是為所欲為、想說什麼都直言不諱。

我根本沒有考慮過我的指導方式是否能讓對方了解、認同，更別說想過對方手上拿的是什麼樣的地圖了。

我唯一做的就是把自己的地圖硬塞給他們。

因此，成員們不了解我所說的話也是理所當然。

這也是為什麼老闆要以減肥當作比喻，強調「真正要改變的是自己」。

不論是傾聽還是傳達意見，都要配合對方的地圖改變自己。

調整傾聽和表達方式。

只要做到這一點，就可以提升溝通的深度。

不但能用心聽別人說話，對方也更容易了解自己想要表達的內容。

原來我連溝通的基本條件都沒有達到……。

等我一看手錶，發現已經超過下午四點半了。

這下真的慘了！再不回公司就……。

一回到公司，同事看待我的眼光還是像平常一樣冷冰冰。

但是，我現在已經掌握了能東山再起的重要線索，這點小事根本不用放在心上。

我下定決心要用心傾聽客戶的話，並重視雙方的溝通。

只要我懂得配合對方的地圖改變自己，說不定我就有機會重新站起來！

當我獨自坐在桌前分析狀況時，跑完業務，已回到公司的瘦皮猴主動跟我說話。

「杉橋大哥，今天的訓練可以麻煩你嗎？」

他的問題讓我不知該如何作答。小組已經處於解散狀態，當務之急是要再次提升自己的業績。

雖然有幾分過意不去，但是我都自顧不暇了，實在沒空顧及他。

所以我抱著拒絕的打算反問他。

「你為什麼希望我指導你？其他成員都走光了，而且從你接受訓練到現在也沒看到成果。所以訓練還是中斷算了。」

瘦皮猴像拼命想從水中爬起的溺水狗不停的搖頭。

「不！我很想接受杉橋大哥的指導。因為杉橋大哥你也是從完全沒有業績，一直爬到全國第二名。從我進公司以來，也是一台都賣不出去。所以我覺得，如果我想要把東西賣出去，最好的方法就是接受和我有同樣經驗的人指導。不好意思，我說了很自以為是的話。」

雖然我一點也不覺得他的話自以為是，但我也不是不能了解他的意思。

當我不知該怎麼做的時候，腦中突然閃過那本ＮＬＰ大書的某一頁。

①地圖不等於疆域

好吧！為了地圖的解讀，我就把他當作練習對象吧！

「既然你這麼說了，那就開始吧！」

瘦皮猴的臉上綻放出燦爛的笑容，好像剛得到新玩具的小孩子，笑嘻嘻的對我說「好！」

但是，等到我實際扮演客戶的角色，他卻完全沒有進入狀況。

一開始我要他配合我下巴的動作，結果他無視我的節奏，自顧自的快速點頭，嘴巴不斷的「嗯嗯」。

他的行為讓我看了很火大，所以我講話的語氣也變得很不客氣。

「喂、你在幹嘛？」

但是，瘦皮猴嚇到的反應，卻猛然點醒我。

不行不行，他的地圖和我不一樣。瘦皮猴的地圖，是「一張完全不懂推銷的地圖」。所以做不好很正常。也是一張在公司飽受欺凌的地圖。

不論別人對他說什麼，他一定都覺得對方是在指責或批評他。

雖然我覺得很不好意思，但還是按捺住自己的脾氣，試著用很溫和的口氣指出他的問題。

「我覺得你直接看著客戶的臉比較好。」

我自己也知道這番話講得很生硬。

可是，原本一臉戰戰兢兢的瘦皮猴，表情瞬間變得豁然開朗。

「好，我知道了！謝謝你告訴我。」

我也讓他試著練習鸚鵡學舌。

結果，瘦皮猴只有重複語尾，像是「說得也是呢！」並沒有重複完整的一句話，做得很笨拙。

「為什麼你連這點都……。」

就在這句話即將脫口而出時，我緊急剎車了。

不行不行，我得想想他的地圖。我的地圖，是曾經締造出一次佳績的地圖。所以我不能用自己的地圖來判斷瘦皮猴。

瘦皮猴的表現，跟剛才比已經有進步了。

現在我應該誇獎他嗎？

「哇！為什麼你連這麼難的事都可以做得這麼好！」

說完這句話，我覺得自己說的太誇張了。

瘦皮猴卻滿面笑容的回答我。

「我真的已經那麼厲害了嗎？」

我心想著這傢伙居然露出這麼棒的表情，不知道為什麼，連我都替他覺得開心。

「是啊！我想你的業績馬上就可以破蛋了。」

「真的嗎！我會好好努力的！」

經過我的指導後，表現愈來愈好的瘦皮猴也很高興。在快樂的驅使下，我不小心又說溜嘴。

「明天我和你一起去跑業務吧！我想在現場實際指導，可以更快看到效果。」

「真的嗎！我會好好努力的！」

瘦皮猴開心得像飛上天，向我九十度鞠躬。

瘦皮猴的口才，跟我比還差上一大截。我原本以為和酒吧老闆教我的時候相比，他需要更久的時間才能做出成績，沒想到他的表現卻完全顛覆我的預期。

隔天下午，瘦皮猴順利賣出一台吸塵器了。

中午前，我們每跑一間，事後我都會指出他剛才的問題。

瘦皮猴的地圖，在我提出批評後，也會接受自己還有待加強的地方，所以指出缺點後，我一定會補上建議「這麼做比較好」。

指導時，我會延續和昨天晚上一樣的和緩口氣。

到了下午，瘦皮猴就能好好看著對方，配合下巴的動作了。

而且插話的次數也減少了，鸚鵡學舌的技巧也出現明顯的進步。

跑到當天最後一家，也就是第八家的時候終於看到成效了。

兩個人一起鞠躬，異口同聲的說出「謝謝您！」後，等到玄關的門一關，瘦皮猴軟綿綿的一屁股坐在地上。

他的背部打顫，口中不斷的喃喃自語「終於賣出去了……。」

他的模樣讓我回想起第一次成交時的感受。

隔天，瘦皮猴自己出去跑業務，結果一下子就賣出兩台。

現在，連我也很想知道接下來的發展會怎麼樣，所以我放著自己的業務不跑，決定每天晚上都把時間奉獻給他。

只看當週的成績，我連瘦皮猴的一半都沒賣到，但我把瘦皮猴的成長，看成自己的事替他高興。

不知道是不是之前的情況太慘，所以反彈也特別高。瘦皮猴成長的速度超乎我預期，到了下個星期還有下下個星期，他都創了個人的新紀錄。

最後，奇蹟發生了。睜大眼仔細一看，瘦皮猴竟然超越了萬年王牌青柳，一口氣登上了全國冠軍的寶座。

每天晚上都和他一起練習的我都不敢相信了，更別說公司的其他人了。

山崎部長連瘦皮猴也忘了稱讚，只是目瞪口呆的說：「不會吧？真是太厲害了。太不可思議了。」

王牌青柳也是一臉不敢置信。但是，就算已經衰退，他還是王牌。除了向瘦皮猴提出警告，還順便損我「你要記住杉橋的前車之鑑啊！」

我想瘦皮猴的好成績，不會像我一樣稍縱即逝。因為我已經親眼目睹，所以可以如此斷言。

這個星期我的業績依然不理想。

因此，我抱著重溫巔峰期回憶的打算，特別挑了一天跟著瘦皮猴跑業務。開著車前往下一家時，瘦皮猴突然對我說「我可以停一下嗎？」，然後停好車，走到一間別緻的獨棟洋房前，按下了電鈴。

原來他拜訪的是兩個星期前才買了吸塵器的客戶家。

瘦皮猴站著和帶著滿臉笑容出來開門的太太稍微聊幾句話，又回到車上。

我問他和客戶聊了些什麼，他是這麼告訴我的。

「我問她吸塵器用的情況怎麼樣，是不是用得很順手了。不好意思我又擅自決定了。只是我覺得⋯⋯。」

即使瘦皮猴沒有說出口，我也猜得到他想說什麼。

「因為發生過老太太的事吧！」

瘦皮猴一臉抱歉的對我說。

「是的。畢竟產品的單價很貴，所以我認為難得客戶願意買單，應該要讓他覺得這項產品買得很有價值。最重要的是，只要我一聽客戶告訴我『家裡變得好乾淨，謝謝』就會覺得很有成就感⋯⋯。」

瘦皮猴靠自己的方式進行後續追蹤，所以成交的客戶都願意再幫他介紹新客戶。

瘦皮猴成交的數量，有一半以上都是從口碑而來。

正因為他是個不聰明的傢伙，所以他並不是抱著特定的目的才做後續追蹤。

瘦皮猴具備打從心底為客戶著想的精神。所以得到榮獲全國冠軍的結果。

我原本抱著指導瘦皮猴的心態，但同時也從他那裡，學到了寶貴的事情。

取巧的小撇步，沒辦法贏得客戶的口耳相傳。

必須打從心底為對方著想。

如果我也有這份真心，我的業績也一定會突飛猛進。

就算前面還有瘦皮猴和青柳，我也能夠急起直追，形成三強鼎立的局面。

我下定決心了，我千萬不能輸。我也要拼拼看！

我才下定決心，就接到裁員的通知了。

那天晚上已經確定瘦皮猴穩坐全國冠軍的寶座。

原本我做完文書工作正打算回家，卻被山崎部長叫住「你可以過來一下嗎？」

然後被帶到會議室。

我跟在山崎部長的後頭，原本一心以為我對瘦皮猴的指導看到了成果，一定會受到稱讚，或被激勵「杉橋你也要努力。」

走進會議室一開燈，山崎部長也不回頭看我，就這麼對著牆壁開口了。

「杉橋，我要告訴你一個遺憾的消息。你從明天開始不用到公司上班了。這件事我會明天向各位宣布，所以你把東西收拾好就可以回去了。」

這句完全超乎我意料的話，讓我變得腦中一片空白。

「可是……。我的業績不好沒錯，但是受我指導的瘦皮猴他……。」

我才開口辯解，山崎部長馬上回過頭來反駁我。

「這是兩回事。不管你是否還有其他貢獻，總之，公司養不起做不到業績的員工。我一開始不就說了嗎？你們和棒球選手沒有兩樣。如果賣不好，馬上就會請你們走人。」

「沒錯，我確實有聽您這麼說過。可是，起碼讓我向大家告別吧？」

「我也覺得很遺憾。畢竟你的業績也得過全國第二名，我想你不論到哪都會吃得開。好好加油吧！」

山崎部長帶著一副不覺得遺憾的表情，說完就立刻踏出會議室了。

我彷彿失去全身的力氣，軟綿綿的癱在會議室的椅子。

我什麼都沒辦法思考……應該說，我連思考的力氣都沒有。

我唯一能做的，就是瞪著天花板發呆……。

我到底在會議室裡坐了多久的時間？

等到我回神一看，窗外已經完全變黑。

一走出會議室，辦公室裡一個人也沒有了。

我走進電梯，按下1F的按鍵，想到「我以後再也不會來這裡了」。但是，想到這點，卻沒有讓我產生一絲的不捨或寂寞。

我踏出玄關再次回頭，凝視了整棟大樓一會兒。

還是沒有湧現出任何一絲特殊的情感。

我只是「唉～」的嘆了很大一口氣。

被裁員真的讓人心裡很不是滋味啊……。

當我打算踏步離去時，眼前出現一個高瘦的男子。

「請讓我送你回家吧！」

是瘦皮猴。而且，臉上表情很僵硬。

「你幹嘛突然說要送我回去。不用啦！而且公司車不是有規定只能用來跑業務嗎？」

一說完，我正要推開瘦皮猴往前走時，他用顫抖的聲音開口了。

「我聽到你和山崎部長說的話了。聽說杉橋大哥以後不會來公司了。」

我想不出該說什麼，所以決定接受瘦皮猴的好意。

「這樣啊……反正是最後一次，就坐你的車吧！」

坐在副駕駛座的我，不發一言的看著外面的風景。

我不敢相信，和瘦皮猴一起坐在公司車跑業務，不過是幾個小時以前的事。

我明天真的不用去公司了嗎？

如果真的去了，山崎部長是不是又會若無其事的向我搭話，當然也免不了得聽青柳講些刺耳的話。

明天早上我真的不去公司在家裡睡大頭覺，會不會有誰打電話來叫我起床？如果我下跪賠罪，低聲下氣的懇求，山崎部長會不會告訴我還是可以來上班？

怎麼可能會有這種事。

聽到我深深的嘆了一口氣，瘦皮猴低聲的開口了。

「杉橋大哥……我從小就被欺負。我口才很差，運動也不在行，功課也不怎麼樣。我沒有一樣事情做得好……。」

我和你是半斤八兩。

「開始出社會工作也一樣，不論去到哪，都是給別人添麻煩，被人踩得死死的。」

我還不是一樣。

「可是，我在面試時聽到你的事，覺得和我一樣做什麼都失敗的人也可以大展長才。才決定進公司。從以前到現在，我從來沒有發表過自己的意見。我一直很討厭這樣的個性。所以我鼓起勇氣，向上面提出我想去你所屬的多摩分公司。」

聽他這麼一說，我回憶起當初瘦皮猴向我攀談時，他的眼睛一直盯著我看。

原來是這回事啊。我居然被別人當作目標，那我到底在幹什麼啊……。

「我真的很慶幸進這間公司，不對，是認識了杉橋大哥。原本做什麼都不順利的我，居然能夠把東西賣出去，而且還當上全國冠軍，真的好像作夢一樣。明明受你那麼多關照，但我什麼也不能替你做，真的很抱歉……。」

我看到握著方向盤，看向前方的瘦皮猴，也不禁淚眼婆娑。

忍耐到現在的情緒也終於決堤。

不管瘦皮猴還在我的旁邊，我放聲大哭起來。

解說

了解「地圖」——NLP的假設前題

「沒有失敗，只有回饋。」
「和不做任何選擇相比，最好還是做出選擇。」

我剛開始學習NLP的時候，這兩句話讓我留下極為深刻的印象。

具體一點，就是「修正」和「改善」。

進行簡報練習等場合，把自己發現的事情反應給對方，稱為「回饋」。

人生的失敗，都要化為領悟或學習。並回饋能在下次的行動派上用場。

正因為靠著回饋採取行動，才能讓我們向前邁前。

如果不採取任何行動，造成的損害會比失敗來得嚴重。

哪怕只有一公厘，做出選擇才有辦法前進。

我歷經多次失敗的經驗。

我的業績奇慘無比時差不多是三十歲。那時我毫無前途可言，對未來很不安。但現在我卻深深體會到當時的失敗，如今已化為現在的養分。

每當眼前突然出現無法預期的選擇時，我就會回想起「沒有失敗，只有回饋」這句話。

學了NLP，一開始會學到「**假設前題**」。開頭提到的「沒有失敗，只有回饋」是假設前題。這句話是NLP的基本世界觀，也點明了NLP的基本精神。

本章提出了「地圖」的概念和各位分享。

「自己和對方傳達的，是相同的事情。」

只要是人，都很難避免這樣的成見。因為這樣的成見，導致想要表達的意思無法順利傳達，而遭到曲解。

「我真的搞不懂那傢伙。」

「一般人都會這麼想吧！」

「和這個人真是有理說不清。」

「一點常識也沒有。」

「每個人都擁有不同的『地圖』」這種說法，代表著每個人各持的成見和思考方式。

我們手上的地圖都不同，經過不同的道路前往目的地。這種情況就好比溝通出現落差時，因為每個人的腦中都各自呈現「不同的地圖」，所以如果能夠理解「每個人的地圖都不一樣」，就能夠明瞭**「溝通時，能準確傳達是偶然。傳達不順是必然」**。

以化繁為簡的方式來表達這個概念的，就是杉橋學到的這句話。

①地圖不等於疆域。

這裡的地圖指的是「解釋」，「疆域」指的是事實。

我們常會把解釋與事實混為一談。這正是溝通出現障礙的原因。

以「我們稍微討論一下吧！」這句話為例，有些人的地圖對「稍微」的定義是「十五分鐘左右」，有些人的地圖認為「看情況有可能需要好幾個小時」。

每個人的地圖各不相同，為了進行整合，有必要提出問題，釐清哪些是解釋，哪些是事實。

就算看到、聽到的是同一件事，每個人的感受方式也都不一樣，有鑑於此，「尊重對方的地圖」才是成為溝通的基本條件。

說得更深入一點，為了理解對方的地圖，要仔細的觀察。

這也是本書的各種技巧中，最應該發揮的用途。

這些和主角杉橋領悟的道理結合起來。就是──**「發自內心傾聽對方說話」**。

就是真心理解對方，與對方感同身受。這就是為什麼要學習這些技巧的正確答案。

在此，為各位介紹其他，我覺得很重要的「NLP的假設前題」。不僅限於溝通，我相信應該在許多方面，能讓各位產生重要的體悟。

②溝通的意義，在於對方的回應。

對方接收後的反應，代表溝通的成果。

自己傳達某些訊息後，如果對方按照自己的預期行動，表示溝通已經成功。但是如果對方採取不同的行動，表示自己的傳達只是一廂情願。不論自己的意志多麼強烈，或者費盡多少心思表達，結果的好壞完全從對方的反應得到驗證。

③每個人早就具備了改變所不可或缺的資源（resource）。

能讓自己出現憧憬「我想變得像那個人一樣」，表示自己已具備了相同的特質。換句話說，對方之所以能獲得你的欣賞，是因為你本身已經具備你從對方身上發現的所有特質，只是尚未發揮出來。

例如，如果你很欣賞前輩的「體貼周到」，表示你已經具備體貼周到的潛力。

④任何舉動，都具有正面意圖，也有發揮價值的場合。

吸菸、暴飲暴食等讓人想戒除（雖然有心，但還是做了）的行為，潛在著執行本人也不自覺的正面意圖。比方說，藉抽菸來消除壓力，或許可以降低罹患其他情緒方面的疾病。吃太多讓自己發胖，說不定是希望看起來更有威嚴。飲酒過量，是企圖忘卻煩惱、改善失眠。

為了戒除壞習慣，我們不應該責怪自己的表面行為，而是思考有沒有其他方法，可以解決潛藏內在的問題。

⑤肯定的價值是恆久不變的。然而人的內心及外在反應的價值以及恰當與否，則值得思考。

每個人的存在都有價值，隨時都能發揮一百%的潛能，沒有好壞之分，唯一的差異在於，到底完全發揮的是好的程式，還是壞的程式。這裡指的程式，是內心在想什麼，外表的反應。為了修正不好的程式，ＮＬＰ是一項相當實用的技巧。

⑥改變處理問題的能力，比改變實際體驗的內容來得更有價值。

改變待起來不愉快的組織，和改變自己看待事物的眼光，哪一個比較容易？不用說，答案當然是後者。

有些人遇到各種問題和煩惱時，會怪罪他人或環境。例如，「主管不好」、「下屬的錯」、「父母的不是」、「老師的問題」、「政治家的錯」、「生不逢時」、「國家的問題」等等。會把責任歸咎於外界的心態，和期待別人或環境替自己解決問題沒兩樣。說得直接一點，會有這種想法的人，人生等於被別人和環境牽著走。

發生在自己周遭的事情，一切都是由自己開頭。所以改變看待事物的方法，你所處的世界也會跟著改變。能做到這點，才能控制人生。

掌握NLP的假設前題後，杉橋的人生開始發生重大改變。

你是否發現給你當頭棒喝的假設前題呢？

針對「磨練技巧的目的是為了什麼」的問題，杉橋找到了解答，但他還是面臨被裁員的處境。

他最後能否從這次的「失敗」學到什麼？

「最後一堂課」是什麼，故事最後會如何收場呢？

第7堂

最後一堂課

——未來發展，操之在己

山崎部長一臉興高采烈的樣子，對著聚集在會議室的業務員提高嗓門。

「杉橋終於坐上全國冠軍的寶座！而且領先第二名的青柳和第三名的瘦皮猴高達兩倍以上，成績一枝獨秀！」

大家都很驚訝，接著響起如雷的掌聲。

青柳一臉微笑，主動向我恭喜。

「幹得好，杉橋！你是我挖角過來的，我真的很為你高興。以後不能叫你杉橋了，要改叫杉橋先生了。」

瘦皮猴喜極而泣。

「杉橋大哥，我高興得說不出話來。從明天開始、不對，從今天開始，請讓我叫你師父吧！」

「別這樣叫我。你叫我師父我會不好意思。我們可是一起苦過來的夥伴啊！你也很拼命啊！」

我一把手放在他的肩膀上，他就忍不住哭了出來。

Rapport的酒吧老闆在一旁一邊大力點頭。

「我真的沒想到，你可以把我教給你的技術練得這麼好。」

「哪裡哪裡，真的是託您的福……。」

嗯……咦？酒吧老闆怎麼消失了？

優子突然出現，向我跑來。

「杉橋先生，你終於辦到了！恭喜你！」

春菜在我身邊，一臉嬌羞的說。

「我……我乾脆和杉橋先生結婚好了……。」

什麼，我要和春菜結婚!?

鈴鈴鈴鈴鈴鈴……。

往發出聲響的方向一望，時鐘的指針正指著早上六點。

原來是一場夢啊……。

我躺在被窩裡輕輕的嘆了一口氣，用盡氣力撐起渾身痠痛的僵硬身體，換上搬家公司提供的作業服。

自從被公司裁員後，有三天的時間我什麼都不想做，一直待在家裡無所事事。

不論看電視、看書還是聽音樂，我完全心不在焉，也記不得做了什麼。

我只是一直放空，腦中只想著同一件事。

目前為止我到底都在做什麼啊……。以後我該怎麼辦……。

到了第三天，我決定面對殘酷的現實。

我去銀行的ATM領錢的時候，發現餘額比想像中少。雖然說有一段時間的月收入超過一百萬日圓，但幾乎都拿去還債了，所剩無幾。

為了賺取眼前的生活費，我決定去找酬勞較高的日領工作。

不用說，我當然選擇肉體勞動的工作了。

如果選擇建築工地或工事現場，感覺好像會被人嚴厲的使喚，而且工作也很吃力。所以我決定到搬家公司打工。

我完全打錯如意算盤了。

在搬家公司幹活不但常被挨罵，工作也辛苦得不得了。

第一天上工。領班是一個二十出頭的大學生，染了一頭金髮，還戴著耳環。我好歹也累積了一些社會經驗，業績甚至還曾經站上全國第二名。因為我的社會經歷比較資深，所以我原本抱著要指導他工作該怎麼做的打算，沒想到，我反倒受他指導，見識搬家這一行的Know-how。

金髮小哥比外表看起來能幹，他很迅速的向大家下了各種指示。

鑑於我前一天已經上網查了「高效率的搬家方法」，所以我主動找他攀談，想要打好關係。

「最重要的關鍵就是物品搬送的順序吧！新手都會想搬大件行李，但是這樣一來，等到抵達目的地的時候，大件行李就沒辦法卸下來了。」

我本來很期待他會對我的話，表示認同，但是金髮小哥只是默默的在櫃子貼上保護墊。

我不死心的又試了一次。

「大家在搬大型家具的時候都會很小心，所以反而不容易受損。但是一個人搬的話，容易粗心大意，不小心撞到柱子或牆壁而受損，所以需要更小心才行。」

這次我專心盯著金髮小哥的下巴，看看他要說什麼。

我打算配合他的動作鸚鵡學舌。

結果，金髮小哥理都不理我，繼續向其他人下達指示。

「高橋，那片盤子很薄，記得多塞點報紙！河合，你順便連電視的管線也檢查一下吧！」

他只說了這些，接著繼續貼保護墊。

我還是不放棄，再接再厲。

「搬家的工作不是只要力氣大就夠了。也得講究一些訣竅，像是出力的方式……。」

金髮小哥突然回頭對我說。

「你從剛才就一直囉嗦個沒完。那些長篇大論就省省吧！快去搬那邊的小件行李！」

「啊……好！」

之後，我掌握好幾次鸚鵡學舌的時機，但這一套在金髮小哥身上完全不管用。

每次我只要和他說話，他都不會給我好臉色看。

最後，還沒搬的行李只剩下少數，終於到了差不多該搬櫃子的階段了。這時，我發現了一件非常重要的事。

我活到現在，還沒有搬過比奈斯克林的吸塵器還要重的東西！

我算計著可以逃過搬櫃子的時機，不斷在客戶家和卡車來回搬東西。

但我也不知道為什麼，最後剩下我和金髮小哥站在櫃子前。

金髮小哥開口問我。

「這個你沒問題嗎？搬得動嗎？」

如果在這個節骨眼上示弱，身為社會人前輩的面子不就掃地了？

所以我拼命逞強。

「可以。我搬得動！」

但是，我在「一、二、三」的吆喝聲中抬起櫃子的瞬間，馬上很後悔自己為什麼要逞強。踏出玄關前，我的手腳都在發抖，很快就要撐不下去了。

我終於脫口而出我撐不下去了。

「對不起！我搬不動了。請找人過來代替我！」

這下子，我連身為社會人士的尊嚴也一絲不剩了。

完成搬家的工作回到公司，馬上可以領到當天的薪資。在和大家一起喝飲料閒聊時，我又被金髮小哥點到了痛處，因為他講了我最不想聽到的話。

「你的體力實在太差了。我看你可能不適合這份工作。而且，如果你那麼喜歡講話，幹嘛不去當業務員。應該業績會很不錯吧？」

到了這種地步，我也不能老實說，「其實我被公司炒魷魚了。」

不論如何，我目前為了賺錢，工作不能說辭就辭，我也沒有重回業務老本行的想法。

而且，連在搬家公司打零工也混得不好，表示我連一點被諮商的價值也沒有，感覺身價更是下滑。

我的心裡深處，也有問過自己「是不是找錯方向啦？」

但是，我決定眼前要做的事就是好好在搬家公司打零工。

就這樣，一個月過去了。

雖然挨罵對我來說是家常便飯，但是即使腳步不穩，我終於抬得起櫃子了。一開始，痛到連筷子都拿不起來的肌肉痠痛，也改善了許多。

透過人生首度體驗的勞動工作，我第一次覺得飯吃起來竟是如此美味，每天晚上也一覺睡到天亮。

但是……。

我不可能一直這樣下去。

話是這麼說，但我也不清楚自己到底該做什麼。

我也沒有特別想做的事。

我每天都覺得自己的人生很茫然。

軟弱的我，心想這就是我的人生吧！但堅強的我也會趕緊踩剎車，告訴自己如果現在放棄，之前的辛苦就白費了。

在軟弱與堅強的拉鋸下，有一天當我回家看電視的時候，聽到手機響起「嗶鈴鈴」的簡訊通知聲。

我原本以為是明天現場的變更通知，哪知一看，差點當場昏倒。

「我今天看到長得很像杉橋先生的人在做搬家的工作，不會是你吧？優子」

我的天，被最不想發現的人看到了。

我該怎麼回覆？

煩惱了幾十分鐘，最後我決定誠實以對。

「沒錯，就是我。後來發生很多事，現在我在搬家公司打零工。杉橋」

幾分鐘後，手機又傳來「嗶鈴鈴」的簡訊通知聲。

「為什麼？把事情的經過告訴我。你如果明天有空，我們就約在平常那間星巴克。」

事到如今，見了面又該說什麼？

但優子幫了我那麼多忙，起碼我也該向她說聲謝謝才像話。

「我明天有搬家的工作要做，可以改成後天嗎？」

「好，我知道了。十一點約在平常那間星巴克可以嗎？」

「沒問題。我們就在平常那間星巴克十一點見。」

和優子約好要見面，我才發覺真不知該拿什麼臉去見她。

我趴倒在床上，心裡覺得很悶。

事到如今還有什麼必要約她見面。

該和她說什麼好？煩死了，乾脆和她說要打工，不去算了。

但好險我沒有拒絕和優子見面。

久違的重逢，竟成了出乎意料的「最後一堂課」。

我在約定的五分鐘前踏入星巴克，已經看到優子坐在老位子低頭滑著手機。

接下來，我該怎麼開口叫她……正當我猶豫不決時，剛好和突然抬起頭來的優子四目相接。

「嗨……。」

我生硬的向她揮揮手，但優子卻若無其事的對我微笑，也對我輕輕的揮揮手。

我大大的鬆了口氣，開口說聲「好久不見。」並坐下來。

優子馬上進入主題。

「你為什麼要離職？你不是做到全國第二名了嗎？」

「但是之後突然賣不出去。你還記得瘦皮猴吧！他自從接受我的指導，業績突然急起直追，賣得嚇嚇叫。即使如此，公司還是不讓我將功抵罪，說什麼如果我做不到業績也沒用……。」

優子稍微鼓起腮幫子，雙手盤在胸前開口問我。

「這樣啊！原來如此。你們公司好嚴格喔！」

「就是啊！因為公司只看數字。對了，我也看了那本書了。」

「什麼？你說哪一本？」

「你平常不是都在看一本很厚的書，有關NLP的。」

「啊！你說那一本。看完覺得如何？很有趣吧？」

「嗯，內容讓我很震撼。」

我和優子花了一些時間聊有關NLP的話題，尤其聊到「假設前題」時，討論更是熱烈。但是，等到我突然問起一個我很在意的問題，優子的表情卻一下子黯淡下來。

「你居然不知道我離職的事，這不就表示公司的人後來都沒去Chunk Up了？」

「呃…嗯……。」

「這又不是什麼大不了的事，你不想說也沒關係。」

優子沉默了一會兒，然後像下定了什麼決心似的開口了。

「老實說，自從上次見面，沒多久我就辭職了。因為我得回老家……。」

「回老家？為什麼突然要回去？」

我不由自主的提高了音量。

我一直以為，只要我去那間酒店，隨時都見得到優子。

就算酒吧老闆不在，還有優子，只要想到這點就很有安全感。

想到這項保障也即將消失，對我是個打擊。

優子不看我的眼睛，稍微斜斜低下頭繼續說。

「我來東京是為了成為歌手，但我爸爸生病住院了。所以我放棄演藝學校的學業，白天和晚上都打工，賺取醫藥費。原本我抱著只要爸爸的病好了，要繼續唱歌的打算，但是他的病情已經惡化得很嚴重，所以我決定回家。今天也是我最後一次和杉橋先生見面……。」

現在，我居然還覺得大受打擊。想到我只考慮自己，不禁覺得無地自容。

如此設身處地為我著想的優子，竟然面臨這麼大的煩惱。

我根本一無所知。我困惑又覺得難為情，什麼話都說不出口。

我現在想不出一句合適的話來安慰優子。

「……。」

我向優子望了一眼，看到她一直凝望著窗外。

我和她朝著同樣的方向一看，看到櫻花的花瓣，一片片輕飄飄的掉落。

我和優子有好一會兒沒有交談，就這麼靜靜的眺望著。

「呵呵，沉默……。你現在可以忍住不說話了。」

「不是啦！我現在才知道小優抱著這麼難過的心情拼命努力，想到自己之前一點都不知情，覺得很丟臉……。」

優子輕輕的搖了搖頭。

「沒這回事。**溝通的意義，在於對方的回應。**」

「你說的是ＮＬＰ的假設前題？」

「嗯。不論話講得多流利，只要想表達的內容沒有傳達給對方知道，就是溝通能力不足吧！就算講得結結巴巴，只要有確實傳達給對方，溝通就算成功。不明白這個道理，只會說『那傢伙一點都不懂』，責怪對方為什麼不了解自己的意思。例如，主管指導下屬的時候，如果下屬還是不會，就會發脾氣『為什麼講了還是不懂！』」

我一想到我指導小組成員的情形，就覺得很丟臉。

「嗯，我也會這麼講。」

「這樣指責對方不是很奇怪嗎？下屬教不會，說穿了是主管教導無方。我相信只要改變觀點，嘗試其他的表達方式，每個人的人際關係一定能變得更圓滿。」

「說得也是……但是，我都沒有去體會小優你的心情。」

「我不是說這是兩回事嗎？我從來沒想過要杉橋先生體會我現在的心情，只是，我看到杉橋先生抱著明確的目標，拼死拼活也要達成的樣子，心裡也產生勇氣。而且，你不是一直是我最好的聽眾嗎？每次我說什麼，你都聽得很專心……。」

說到這裡，優子低下頭去。她的肩膀微微的發抖著。

「我一心為了追求自己的夢想來到東京，沒想到爸爸卻病倒了……。我一直很煩惱，不知道自己到底要做什麼，也不知道有誰會需要我這樣的人。然後我遇到杉橋先生。每次我在替你上課的時候，你都很專心的聽，而且還做出一番成績。你的出現讓我知道自己是有用的，因此得到很大的救贖。」

我不過是為了自己的利益拼死拼活而已。

但竟然有人替我從這個角度解讀。

像我這種人生輸家，根本沒想過有機會幫助別人，甚至成為別人的救贖。

優子抬起頭，用通紅的眼睛望著我對我說。

「一句話也不說，只是默默傾聽不是也很好嗎？只要傾聽，就能讓對方覺得安心、減輕心理負擔，而且心情變好的話，我想就很足夠了。即使不去想自己該怎麼做，對方怎麼想也沒關係。我想，能讓人心真正相通的溝通，就應該把這份心情放在第一位吧！」

我大力點頭，又看向窗外。

走在路上的人潮，看著盛開的櫻花露出笑臉。

道別的時候優子問我。

「杉橋先生，你接下來還是要在搬家公司工作嗎？」

我搔著頭對她苦笑。

「不會啦！我只是靠這份工作先賺點生活費。而且，我還沒有決定好接下來要做什麼。但是今天和你聊過以後，我也有點想成為幫助別人的人。」

「嗯，我想杉橋先生你一定辦得到。」

優子向我伸出了右手。

我回握了她的手，對她說。

「呃……我不想說些不負責任的話，但我相信你爸爸一定會痊癒。到時候，你還是可以唱歌啊！不是啦，是我想聽小優唱歌，所以那個……。」

「哈哈哈。你不必勉強自己說什麼話來安慰我。別擔心，我也是這麼打算。那就再見囉！我們互相加油吧！謝謝你！」

「嗯……。真的很謝謝你。」

優子輕輕的點點頭，在滿天飛舞的櫻花雨中往車站走了。

我的視線一直追隨著她的背

影，想著。

我能幫助別人的事情是什麼呢？

兩年後。

這天，在大型保險公司的大禮堂裡，舉行了優秀業務員的表揚大會。進公司第二年、年僅二十四歲，業績就名列全國第六名的女性在會場成為話題的焦點。

業績全國前十名的受獎者在台上一字排開，依序領取獎狀，發表得獎感言。

「第六名，久利田有紀子小姐。」

司儀唸出第六名的女性名字，會場立刻響起如雷的掌聲。久利田有紀子生硬的一鞠躬，從社長手中接過獎狀，先深深吸了一口氣，對著麥克風開口。

「非常感謝主辦單位舉辦了這樣的盛會。我讀高中的時候，父親過世了。父親沒有保險，所以我們家之後的日子過得很辛苦。這也是為什麼我會選擇這份工作的理由。」

會場立刻變得鴉雀無聲。

「剛開始我空有滿腔熱忱，卻一張保單也簽不到。我今天能站在這裡，轉機就是因為認識了某個人，從他那裡學到了銷售技巧。」

在場的每一個人，無不迫不急待的聽她往下說。

「但是，與其說我學到的是銷售技巧，我最近發現我真正學到的是傾聽別人說話和理解對方，還有願意在任何時候支持我的夥伴有多重要。我說的那位，在代代木辦了一間小型的講座。如果各位有興趣，請務必親自去聽。我想各位一定能夠發現人生最重要的事情是什麼。」

像是要制止會場的喧鬧一般，有紀子吸了一口氣，毅然的抬起頭來。

「他的名字是杉橋達紀。」

後記——解說和告白

「我想要幫助別人。」

杉橋，最後終於找到自己想做的事。

在優子和酒吧老闆的指引及瘦皮猴的啟發下，他費了好大的功夫才找到解答。這個答案，對他而言，應該可以在開拓人生的路上成為重大的戰力。

各位讀者透過本書，和杉橋一起學習「傾聽」的技巧，同時也學習到以傾聽為主軸的溝通技巧。

當然，市面上有關溝通的書很多，也有各種技巧可供參考。

但是，要將複雜的理論化為具體的行動並不容易。

表示「雖然讀了好幾本書，也參加了講習，但我還是講不出來」的人前仆後繼。我本人也屬於勇於嘗試，卻無法持之以恆的類型，所以很了解他們的心情。有鑑於這些經驗談，本書介紹的是，每個人都能如法炮製，而且確實看得到效果的方法。

「我今天學了很具體的技巧。我覺得應該用得到吧！」

我常常聽到參加我講座的人這樣說。

如果各位從本書找到尋覓已久，覺得「對，就是這個！」的技巧，請實際應用看看。

只看書就好像在陸地學游泳，永遠不可能學得會，說話方式和傾聽方式也一樣。透過實際的體驗，才會知道自己的理解和實際的表現出現何種落差。了解這點，才有開始成長的機會。

為了完成本書，我從參加講座的學員中，挑選成果特別顯著的幾位接受我的採訪。

最後登場的大型壽險公司的女性業務員——久利田有紀子小姐是其中一位。她是超過四萬名業務員中，從谷底攀升至全國第六名的真實歷程。

她當初來參加講座的時候，幾乎不會發問，也不懂得和人攀談，只會照著稿子念。所以，她身陷無法簽約成交的苦戰。

參加講座後，她不斷在實際跑業務的時候應用這些「傾聽」技巧，她一開始也是從「配合對方的下巴動作」入門。

實踐後，她和客戶間的交情變深了，也懂得和人閒聊，有人開始會找她商量煩惱，簽約的件數也開始突飛猛進。

不只如此，連以前不時會遇到的中途解約，也在她懂得傾聽對方說話後，不再發生。最後，她甚至擠身為全國頂尖業務員之列。

聽人說話，這件事看似簡單，其實難度很高。

除了工作不在話下，也請各位把學到的內容應用在家人和朋友身上。

「說話」的行為，有助煩惱的「解放」。一個「傾聽高手」，其實也是能帶動氣氛的「療癒大師」。

我希望愈來愈多人能好好傾聽別人說話。

最後，我必須向各位坦承一件事情。

我在開頭說主角杉橋的故事「七成是事實，三成是虛構」，說實話，應該是「接近九成都是事實。」當然，有些部分是誇張了點。

口才笨拙、不知道該怎麼和人說話，連別人說的話也沒有好好聽的零業績業務。正是我以前活生生的寫照。

那時的我，還不知道什麼是ＮＬＰ。

業務這份工作，我一共做了十六年。

大概到了從事訪問推銷的第三年，業績還是不見起色的時候，渡過了完全做不到業績的低潮期，比杉橋還要久，我在這段時間，也不斷的摸索自己想做的事情。

這段迷惘的日子，我給自己訂下了成為諮商師的目標當作逃避，所以我參加了諮商師培訓課程，在那裡接觸了ＮＬＰ。

一開始我完全不相信ＮＬＰ，很後悔繳了一大筆昂貴的學費（對我真的是很大的負擔），覺得「我幹嘛浪費錢」。話雖如此，既然錢都繳了，我還是試著把學到的技巧應用在客戶身上，沒想到只花了一個月，我就突然登上全國業績的冠軍寶座，人生也跟著改變。

我到現在還記得，之前，不論客戶說什麼，我總是右耳進、左耳出。但自從接觸NLP後，客戶說的話我都聽得很仔細而且也能體會業務工作的樂趣，簡直就是脫胎換骨。

後來，我當上分店長，成為全國業務指導訓練講師。

我產生「想成為講師」的目標，轉換跑道，到能力開發教材的公司上班。我除了把跑業務當作主要工作，也以講師的身分登台授課。

雖然我很喜歡這份工作，但是公司卻決定大幅裁員，讓一半以上的業務員丟了飯碗，業績正處低迷的我，也在四十三歲這年被迫離職。

這樣經歷也成了我獨立創業、成為講師的契機。

我去搬家公司打零工的情節也是事實。

從我創業，擔任講師一年以來，光靠上課的收入還無法應付生活的開銷。那時候，對未來的不確定感讓我過得很辛苦。

不僅如此，時薪九百日圓的體力勞動工作，對我這個高齡四十四歲的大叔而言，在身心兩方面都是嚴苛的考驗。最讓我倍感壓力的是，被年紀比我輕的人毫不留情的責罵。

之後我的第一本書終於出版。

從此我的講師工作終於步入軌道，人生開始好轉。

我希望能利用自己的體驗，打造一本兼具有趣奇特、易讀的特質，並介紹許多NLP技巧、內容扎實的書籍。

情節的構思和故事的鋪陳等，都是發揮我豐富的經驗打造的完美設定，也讓本書的內容更加盡善盡美。

此書企劃過程長達三年，是我人生首度執行最久的一項專案。

正因為此書是我嘔心瀝血之作，所以我盼望閱讀本書的各位，能「傾聽」對方的談話，加強人與人的聯繫來拓展原有的人際關係。

松橋良紀

國家圖書館出版品預行編目（CIP）資料

不說話才會賣!讓顧客主動掏錢的 7 堂銷售課 /
松橋良紀作 ; 藍嘉楹譯. -- 初版. -- 新北市 :
世茂, 2015.02

面； 公分. --（銷售顧問金典 ; 81）

ISBN 978-986-5779-62-7（平裝）

1.溝通 2.傳播心理學 3.神經語言學

177.1 103025469

銷售顧問金典 81

不說話才會賣！讓顧客主動掏錢的 7 堂銷售課

作　　者／松橋良紀
譯　　者／藍嘉楹
主　　編／陳文君
責任編輯／張瑋之
封面設計／鄧宜琨
出 版 者／世茂出版有限公司
負 責 人／簡泰雄
地　　址／（231）新北市新店區民生路 19 號 5 樓
電　　話／（02）2218-3277
傳　　真／（02）2218-3239（訂書專線）・（02）2218-7539
劃撥帳號／ 19911841
戶　　名／世茂出版有限公司　單次郵購總金額未滿 500 元（含），請加 50 元掛號費
世茂網站／ www.coolbooks.com.tw
排版製版／辰皓國際出版製作有限公司
印　　刷／世和彩色印刷股份有限公司
初版一刷／ 2015 年 2 月

I S B N ／ 978-986-5779-62-7
定　　價／ 280 元

Printed in Taiwan